阿弥陀経

現代語訳とその読み方

ひろさちや

中央公論新社

目次

Ⅲ　お浄土へのお土産　105

Ⅳ「南無阿弥陀仏」の心　157

装幀　平面惑星

阿弥陀経　現代語訳とその読み方

I　お浄土への誘い

極楽浄土は本当にあるのか？

『阿弥陀経』というお経は、
われわれ悩める衆生の救済を本願としておられる阿弥陀仏と――

その浄土（仏国土）である極楽世界――

を論じた経典です。そして、わたしたちが「南無阿弥陀仏」と称えることによって、その阿弥陀仏のお浄土である極楽世界に往き生まれることができると説かれています。比較的短い経典ですので、浄土宗や浄土真宗、また時宗の法会の際には、よく読誦されます。だから、多くの人にとっては馴染深い経典です。本書は、その『阿弥陀経』を現代語訳し、また一般の人々のために分かりやすい解説を加えたものです。

ところで、わたしたちはその『阿弥陀経』を読む前に、

――そもそもお浄土とは何か？――

を考えておきましょう。その問題は、別の表現をすれば、

――阿弥陀仏の極楽浄土なんて、実際に存在するのか？――

といった疑問になります。
辞書（『明鏡国語辞典』）を見れば分かりますが、
《極楽……阿弥陀仏のいる浄土。西方十万億土の彼方《かなた》にあるという、一切の苦患《くげん》を離れた安楽の世界。西方浄土。極楽浄土》
とあります。しかしわたしたちは、地球は自転をし、また太陽を中心として公転していることを知っています。では、「西方」というのは、宇宙空間のどの方角でしょうか？　そして「十万億土」とは、どれだけの距離ですか？　そこに本当に「極楽浄土」なんてありますか？　とてものことに、わたしたちは極楽浄土の存在を信じられません。
では、極楽浄土なんて「存在しない」と言ってよいのでしょうか？　それは子ども騙しにすぎない、と断言してしまっていいのでしょうか？　それとも、それは心の中にある世界だ、と言うべきでしょうか？　わたしたちはその問題をしっかりと解決しておくべきです。その問題を放置して『阿弥陀経』を読んでも、得るところは少ないと思います。
そこで、いささか遠回りになりそうですが、わたしたちは『阿弥陀経』を読む前に、

「極楽世界」とは何かについて考察することにします。

死後の世界の有無は考えるな！

極楽世界というものは、実際にあるか／ないかは別にして、死後の世界です。わたしたちが死んだあと、悪人は地獄に堕ち、善人は極楽浄土に往生すると信じられています。ただし、死後の世界である「浄土」については、宗派によって名称が違います。阿弥陀仏の極楽浄土のほかに、大日如来の密厳《みつごん》浄土、釈迦仏の霊山《りょうぜん》浄土、薬師如来の浄瑠璃《じょうるり》世界といった呼称もあります。が、なんといっても極楽浄土が代表的な浄土ですから、われわれはこの呼称を使うことにします。

ともあれ極楽浄土は、わたしたちがこの世で死んだあとで往く世界とされています。では、仏教においては、死後の世界をどう考えているでしょうか……？

じつは、びっくりされるかもしれませんが、仏教の開祖である釈迦世尊は、死後の世界については、

――考えるな！――

と教えておられます。「ある」と考えてもいけないし、反対に「ない」と考えてもいけないのです。

釈迦の弟子に、マールンクヤープトラがいました。彼は哲学青年であったらしく、

「死後の世界は存在するか／否か？」

「この宇宙は有限か／無限か？」

といったような問題ばかりを考え、そして釈迦世尊に質問します。しかし釈迦は、いつも返答を拒まれました。それで彼は、あるとき、

「世尊よ、もしも世尊が相変らず返答を拒まれるのであれば、わたしはこの教団を去ります」

と、その覚悟を告げたのです。すると釈迦は、次のような「毒箭《どくせん》の喩え」でもって彼を諭されたのです。これは、『中部経典』（第六三経）に出てきます。

「マールンクヤープトラよ、ここに毒箭（毒矢）でもって射られた人がいる。友人たちは彼のために医者を迎え、その毒矢を抜いて治療をしようとする。なのに本人は、『待て。わたしは知りたい。この矢を抜く前に、これを射た者は何人《なにびと》であるか？　この矢を射た弓の形はどのようなものか？　その毒は何であるか？　それらのことが解

明されぬうちは、この矢を抜かせぬ！』と言う者がいたとしよう。その者は死ぬだけだ。マールンクヤープトラよ、そなたはそのような問いを発しているのだよ」

仏教において大事なことは、人間は「苦」なる存在であるといった認識です。それはちょうど毒矢で射られた状態です。だとすれば、わたしたちはその毒矢を抜いて治療しなければならない。にもかかわらずマールンクヤープトラは、毒矢の毒の成分がいかなるものであるか、といった問題ばかりを考えています。それを釈迦は叱っておられるのです。

死後の世界があるか／ないか、われわれがいくら考えても分かりません。分かるはずがないのです。そして、考えても分からない問題を考えるのは、時間の無駄です。だから釈迦は、死後の世界の有無については、

――考えるな！――

と教えられたのです。これが、死後の世界に対する仏教の基本スタンス（姿勢）です。読者は、そのことをしっかりと認識しておいてください。

過去を追わず、未来を願わず

たびたび引用するのですが、釈迦はこんなことを言っておられます。

過去を追うな。
未来を願うな。
過去はすでに捨てられた。
未来はまだやって来ない。
だから現在のことがらを、
現在においてよく観察し、
揺ぐことなく動ずることなく、
よく見きわめて実践すべし。
ただ今日なすべきことを熱心になせ。
誰か明日の死のあることを知らん。(『マッジマ・ニカーヤ』一三一)

過去も未来も捨ててしまって、わたしたちはひたすら現在を生きればよいのです。それが釈迦の教えだと思います。要するに、過去のことをくよくよ反省するな！　未来に対して希望を持つな！　ということなんです。

そして、過去は別にして、未来についてであれば、キリスト教のイエスが次のように言っています。

だから、明日のことまで思い悩むな。明日のことは明日自《みずか》らが思い悩む。その日の苦労は、その日だけで十分である。（「マタイによる福音書」６）

わたしは、未来については絶対者におまかせするのが、宗教者の基本的態度だと思います。

極楽浄土の意味

しかしながら、「考えるな！」と教わっても、わたしたちはついつい「死んだらどうなるのだろうか？」と考えてしまいます。なかには、「お浄土なんてあるものか」「人は死んだらゴミになる」と、勇ましいことを言う人もいますが、その人だって「ない」と考えているのです。「考えるな！」ということは、「ない」と主張することではありません。もちろん「ある」と主張することではありません。

そこで、「考えるな！」を実践するためには、わたしたちは「考えない訓練」をせねばなりません。考えないでいられるための修行が必要なんです。

どういう修行でしょうか……？

わたしにはよく分かりませんが、たぶん禅の修行といったものがそれだと思います。禅というものは、わたしたちがいくら考えても分からないことを、考えずにいられる修行をしているのですね。わたしはそう思います。

しかしわたしたち在家の人間が、釈迦世尊から「考えるな！」と教わっても、そういう修行をしていませんから、ついつい考えてしまいます。

では、どうすればよいのでしょうか……？

じつは、そのようなわたしたちのために、極楽浄土があるのです。極楽浄土は、われわれを救うために、阿弥陀仏が建立された理想の世界です。阿弥陀仏は、わたしたちが「南無阿弥陀仏」と称えれば、その理想の世界である極楽浄土へわたしたちを迎えてやる――と約束しておられます。「南無阿弥陀仏」の念仏は、「阿弥陀仏よ、どうかわたしを極楽浄土に迎えてください。おまかせします」といった、絶対帰依、全権委任の意思表明の言葉です。わたしたちは阿弥陀仏を、

――信じて――

仏におまかせすればいいのです。そうすると、わたしたちは死後、阿弥陀仏の極楽世界に往生できるのだから、「死後どうなるか？」「死んだらどうなるか？」を考えないですむのです。

つまり、阿弥陀仏を「信じる」ことによって、わたしたちは死後の世界を考えずにいられるのです。それが極楽浄土の意味にほかなりません。

そこのところを、浄土真宗の開祖である親鸞（一一七三―一二六二）は、次のよう

に言っています。

弥陀《みだ》の誓願不思議《せいがんふしぎ》にたすけられまひらせて往生をばとぐるなりと信じて、念仏まふさんとおもひたつこゝろのおこるとき、すなはち摂取不捨《せっしゅふしゃ》の利益《りやく》にあづけしめたまふなり。(『歎異抄』第一段)

――阿弥陀仏の誓願の不思議な力にたすけられて、わたしのような凡夫でも必ず往生できるのだと信じて、お念仏を称《とな》えようと思う心が起きたその瞬間、わたしたちはもれなく阿弥陀仏のお浄土に救いとられているのである――

阿弥陀仏は、「南無阿弥陀仏」と称えて、わたしを頼ってきた者のすべてを、わたしの浄土である極楽世界に迎えてやるといった誓願をたてられました。わたしたちはその誓願を信じて、阿弥陀仏におまかせすればいいのです。そうすると死後、必ず極楽浄土に往き生まれることができます。したがって、死後のことについて考えないですむのです。親鸞はそう言っています。

親鸞は、《誓願不思議》といった言葉を使っています。わたしは、「誓願の不思議な力」と訳しておきましたが、〝不思議〟というのは「思議しないこと」、すなわち「考えない」ことです。わたしたちは「考えない」で「信ず」ればいいのです。それが親鸞の言っていることだと思います。

〝みなす〟と〝推定する〟

でも、ここできっと反論がありそうです。

そもそも極楽世界なんて、宇宙空間のどこにあるのだ⁉　ありもしないものを信じろ——と言われたって、それは無理だ。と、口を尖《とが》らせて、そう言われる人がおいでになるでしょう。

そこで、ちょっと話が脱線しますが、こんなことを考えてください。

「民法」の第八八六条①には、次のようにあります。

《胎児は、相続については、既に生まれたものとみなす》

これは「みなし規定」と呼ばれるものです。法律において、いったんみなされた以上、いくら反論があっても、それを変えることはできません。胎児は母親のおなかの中にいます。だからまだ生まれていません。あたりまえです。生まれていないから胎児なのです。でも、胎児は生まれていないといくら反論したって、相続については生まれたものとみなされているから相続権があります。

一方、同じく「民法」の第七七二条①には、

《妻が婚姻中に懐胎した子は、夫の子と推定する》

とあります。この「推定する」といった場合は、反対の証拠があれば、それを取り消すことができます。たとえば血液型が違っているようなとき、いったん夫の子と推定されても、あとで裁判によってそれを取り消すことが可能です。

そこで極楽浄土の場合です。「極楽浄土なんて存在しない」と主張する人は、お浄土の存在を推定するものだと思っているのではないでしょうか。昔の人は、何か根拠があって極楽浄土の存在を推定していた。しかし現代にあっては、科学が、宇宙空間のどこにも極楽浄土が存在しないことを証明している。だから、昔の人の推定を取り消さねばならない。そう思って、「わたしは極楽浄土の存在を否定する」と主張しているのだと思います。

残念でした。それは違うのです。

じつは、「お浄土の存在を信じなさい」という命令は、お浄土があるとみなしなさい、わたしたちは死んだらお浄土に往き生まれるとみなしなさい、といった命令なのです。

だから、お浄土はどこにもないではないかと反論したって無意味です。それは、胎児はまだ生まれていないではないかとわめいているのと同じです。いくらわめいても、法律的には胎児に遺産相続の権利はありますよ。それを取り消すことなんてできないのです。

わたしたちは、仏教の教えの中で、しっかりとお浄土があるとみなすべきです。そして、死んだらお浄土に往き生まれることができると信ずべきです。それが仏教徒としての責務だと思います。

厭離穢土・欣求浄土

では、何のために、わたしたちは極楽浄土の存在を信じるのでしょうか……？

いろいろの理由があると思います。しかし、その一つは、わたしたちの死に対する恐怖を鎮めるためでしょう。

わたしはここで、ロシアの作家のゴーリキイ（一八六八―一九三六）の不朽の名作『どん底』の言葉を思い出します。巡礼者のルカが、病気で死んで行くアンナにこんなふうに語っています。

《アンナ　お爺さん！　何か話しておくれよ、あたし苦しくてたまらないから……

ルカ　なあに、そんなこたなんでもないよ！　死ぬ前にはお前さん、みんなそういう風になるのだよ。大丈夫、なんでもありゃしないよ！　安心してなさるがいい……つまりお前さんは、もうじき死ぬんで、死ねば楽になれるってわけだよ……もうなんにも心配することはありゃしない――大丈夫、大丈夫！　静かに、落ちついて……寝てなさるがいい！　死はすべてのものを休ませてくれる……死はわしらにとって優しいものだ……死ねば――休めるということを言うが……あれはほんとだよ、お前さん！　なにしろこの世じゃどこへ行ったって、人間の休めるところはないんだからねえ。

アンナ　でも、もしあの世にも――やっぱり苦しみがあるんじゃないの？

ルカ　なんにもありゃしないよ！　なんにも！　お前さん――信じなさるがいい！　ただ休息があるだけで――ほかにはなんにもありゃしない！　みんながお前さんを神さまのところへ連れて行って、こういうだろう――主よ、ごらんください、あなたのしもべアンナがまいりましたって……（中略）……すると、神さまは、温かな優しい目でお前さんをごらんになって、こうおっしゃる――わしはこのアンナを知っている！　ってな。それから、なおおっしゃるには、このアンナを天国へ連れて行け！　そして休ませてやるがよい……わしは知っている、この女はたいへん苦しい生活をして……ひどく疲れている……ゆっくりと休ませてやるがいい……

アンナ　（あえぎあえぎ。）お爺さん……ねえお前さん……もしほんとにそうだったらねえ！　ほんとにゆっくりと休まれて……なんの苦しみもないんだったらねえ……

ルカ　あああ、ないとも！　なんにもありゃしないよ！　お前さん――信じるがいい！　そして喜んで死になさるがいい、ちっとも心配することはない……わしは言うが、死はわしらにとって――ちょうど赤ん坊に対する母親のようなものだよ……

アンナ　ええ……でも……もしかしたら、よくなれるかも知れないわねえ？

ルカ　（笑いながら。）なんのためにな？　また苦しむためにかい？

アンナ　だって……もうすこし……あたし生きていたいんだもの……もうすこし！　もしあの世に苦しみがないのだったら……この世でもうすこしくらい苦しんでも……いいの！》（中村白葉訳、岩波文庫による）

だいぶ長い引用になりましたが、ルカは、死後の世界に安らかな休息があることをアンナに教えて、死に対する恐怖を取り除いてやったのです。アンナは最後に、

《もしあの世に苦しみがないのだったら……この世でもうすこしくらい苦しんでも……いいの！》

と言っています。つまり、あの世の安らぎを担保にして、わたしたちはこの世の苦しみに耐えることができるのです。

仏教では、

――厭離穢土《おんりえど》・欣求浄土《ごんぐじょうど》――

といった言葉があります。この世は穢土です。穢《けが》れた土地です。苦しみばかりの土地。そしてこの世を厭《いと》い離れて、極楽浄土を切望する。この世を厭離する気持ちが強ければ強いほど、浄土を欣求する気持ちが高まる。昔は、わたしはこれをそのように読んでいました。

しかし、逆かもしれません。わたしたちはお浄土を信ずれば信ずるほど、ますますこの穢土、苦しみの世界において、その苦しみに耐えて生きる気持ちが強くなるのではないでしょうか。それがお浄土の意味です。いまでは、わたしはそう思っています。

如来よりたまわりたる信心

それから最後に、もう一つだけ加えておきます。

信じるということについてです。わたしたちは、自分が阿弥陀仏の存在、そして極楽浄土の存在を信じている――と思っていますが、それはとんでもないまちがいです。

もしもそうであれば、わたしたちは阿弥陀仏より偉い存在になってしまいます。

わたしたちは、「オレはアイツを信じてやったのに、アイツはオレを裏切りやがった」といったふうに言います。この場合、オレのほうがアイツより偉いのです。少なくとも同等の立場にあります。

けれども、わたしと阿弥陀仏は同等ではありません。阿弥陀仏のほうがはるかにわたしより偉い存在です。だから、

「わたしは阿弥陀仏を信じた」

とは言えないのです。わたしのほうが偉くて、それで目下の阿弥陀仏を信じてやるのではありません。

反対です。阿弥陀仏がわたしをして信じさせてくださったのです。

したがって、お浄土も同じです。わたしがお浄土を信じたのではなしに、阿弥陀仏のほうからわたしを信じさせてくださったのです。

そうすると、「わたしはお浄土なんて信じません」と言う人がいれば、その人に対してわたしたちは、

「お気の毒ですね。あなたは、お浄土の存在を信じさせてもらえないのですね」

と応答すべきです。なにもその人と議論をする必要はありません。もしもその人にお浄土の存在を信じさせることが大事なことであるなら、いつかきっと阿弥陀仏がその人に働きかけて、その人が信じられるようにされるでしょう。
そのことを親鸞は、

如来よりたまはりたる信心（『歎異抄』第六段）

と言っています。信心というものは、そういうものなんです。

＊

以上のことを念頭に置きながら、わたしたちは『阿弥陀経』を読んでみましょう。
われわれが読む経典は、正しいタイトルでいえば、

――『仏説阿弥陀経』――

であって、中国、南北朝時代の訳経僧の鳩摩羅什《くまらじゅう》（三四四―四〇九。異説あり）の訳したものです。鳩摩羅什（羅什とも略称されます）は、インド人の貴族を父とし、亀茲《きじ》国の王の妹を母として生まれました。われわれには、あの『妙法蓮華経』（略称

『法華経』）の名訳でもって知られています。

最初に、『阿弥陀経』の原文とその訓み《よ》下し文を掲げておきます。宗派によって句読点の打ち方などが違いますが、ここでは浄土真宗本願寺派のものを採用しました。読み下し文は、いろんなものを参考にしてわたしが読み下しました。

そしてそのあとに、わたしの現代語訳と解説をつけてあります。現代語訳は、初心者にもすらすら読めることを心掛けました。どうか気楽に『阿弥陀経』に親しんでください。

II 仏説阿弥陀経

仏《ぶっ》説《せつ》阿《あ》弥《み》陀《だ》経《きょう》

姚《よう》秦《しん》三《さん》蔵《ぞう》法《ほう》師《し》
鳩《く》摩《ま》羅《ら》什《じゅう》奉《ぶ》詔《しょう》訳《やく》

如《にょー》是《ぜー》我《がー》聞《もん》。一《いち》時《じー》仏《ぶつ》在《ざい》舍《しゃー》衛《えー》国《こく》。祇《ぎー》樹《じゅー》給《きっ》孤《こー》独《どく》園《おん》。与《よー》大《だい》比《びー》丘《くー》衆《しゅー》。千《せん》二《にー》百《ひゃく》五《ごー》十《じゅう》

姚秦《ようしん》の三蔵法師《さんぞうほうし》、
鳩摩羅什《くまらじゅう》　詔《みことのり》を奉《ほう》じて訳《やく》す

是《かく》の如《ごと》く我《われ》聞《き》けり。一時《あるとき》、仏《ぶつ》、舎衛国《しゃえこく》の祇樹給孤独園《ぎじゅぎっこどくおん》にましまして、大比丘衆《だいびくしゅ》、千二百五十人《せんにひゃくごじゅうにん》と倶《とも》なりき。皆《みな》、是《こ》れ大《だい》

人《にん》倶《くー》。皆《かい》是《ぜー》大《だい》阿《あー》羅《らー》漢《かん》。衆《しゅー》所《しょー》知《ちー》識《しき》。長《ちょう》老《ろう》舎《しゃー》利《りー》弗《ほっ》。摩《まー》訶《かー》目《もっ》犍《けん》連《れん》。摩《まー》訶《かー》迦《かー》葉《しょう》。摩《まー》訶《かー》迦《かー》旃《せん》延《ねん》。摩《まー》訶《かー》倶《くー》絺《ちー》羅《らー》。離《りー》婆《はー》多《たー》。周《しゅう》利《りー》槃《はん》陀《だー》伽《かー》。難《なん》陀《だー》。阿《あー》難《なん》陀《だー》。羅《らー》睺《ごー》羅《らー》。憍《きょう》梵《ぼん》波《はー》提《だい》。賓《びん》頭《ずー》盧《るー》頗《はー》羅《らー》堕《だー》。迦《かー》留《るー》陀《だー》夷《いー》。摩《まー》訶《かー》劫《こう》賓《ひん》那《なー》。薄《はー》拘《くー》羅《らー》。阿《あー》㝹《ぬー》楼《るー》駄《だー》。如《にょー》是《ぜー》等《とう》。

阿羅漢《あらかん》にして、衆《しゅ》に知識《ちしき》せられたり。
長老舎利弗《ちょうろうしゃりほつ》、摩訶目犍連《まかもっけんれん》、摩訶迦葉《まかかしょう》、
摩訶迦旃延《まかかせんねん》、摩訶倶絺羅《まかくちら》、離婆多《りはた》、周利《しゅり》
槃陀伽《はんだか》、難陀《なんだ》、阿難陀《あなんだ》、羅睺羅《らごら》、憍梵《きょうぼん》
波提《はだい》、賓頭盧頗羅堕《びんずるはらだ》、迦留陀夷《かるだい》、摩訶劫《まかこう》
賓那《ひんな》、薄拘羅《はくら》、阿㝹楼駄《あぬるだ》、是《かく》の如《ごと》き等《ら》の

諸《しょー》大《だい》弟《でー》子《しー》。幷《びょう》諸《しょー》菩《ぼー》薩《さつ》摩《まー》訶《かー》薩《さつ》。文《もん》殊《じゅー》師《しー》利《りー》法《ほう》王《おう》子《じー》。阿《あー》逸《いっ》多《たー》菩《ぼー》薩《さつ》。乾《けん》陀《だー》訶《かー》提《だい》菩《ぼー》薩《さつ》。常《じょう》精《しょう》進《じん》菩《ぼー》薩《さつ》。与《よー》如《にょー》是《ぜー》等《とう》。諸《しょー》大《だい》菩《ぼー》薩《さつ》。及《ぎゅう》釈《しゃく》提《だい》桓《かん》因《いん》等《とう》。無《むー》量《りょう》諸《しょー》天《てん》。大《だい》衆《しゅー》倶《くー》。

爾《にー》時《じー》仏《ぶつ》告《ごう》。長《ちょう》老《ろう》舎《しゃー》利《りー》弗《ほつ》。従《じゅう》是《ぜー》西《さい》方《ほう》。過《かー》十《じゅう》万《まん》億《のく》仏《ぶつ》

諸《もろもろ》の大弟子《だいでし》、幷《なら》びに諸《もろもろ》の菩薩《ぼさつ》、摩訶《まか》薩《さつ》、文殊師利法王子《もんじゅしりほうおうじ》、阿逸多《あいった》菩薩《ぼさつ》、乾陀《けんだ》訶提《かだい》菩薩《ぼさつ》、常精進《じょうしょうじん》菩薩《ぼさつ》、是《かく》の如《ごと》き等《ら》の諸《もろもろ》の大菩薩《だいぼさつ》、及《およ》び釈提桓因等《しゃくだいかんいんとう》の無量《むりょう》の諸天《しょてん》・大衆《だいしゅ》と倶《とも》なりき。

爾《そ》の時《とき》、仏《ぶつ》、長老舎利弗《ちょうろうしゃりほつ》に告《つ》げたもう。「是《こ》れより西方《さいほう》、十万億《じゅうまんおく》の仏土《ぶつど》を過《す》

土《どー》。有《うー》世《せー》界《かい》。名《みょう》曰《わつ》極《ごく》楽《らく》。其《ごー》土《どー》有《うー》仏《ぶつ》。号《ごう》阿《あー》弥《みー》陀《だー》。今《こん》現《げん》在《ざい》説《せっ》法《ぽう》。舎《しゃー》利《りー》弗《ほっ》。彼《ひー》土《どー》何《がー》故《こー》。名《みょう》為《いー》極《ごく》楽《らく》。其《ごー》国《こく》衆《しゅー》生《じょう》。無《むー》有《うー》衆《しゅー》苦《くー》。但《たん》受《じゅー》諸《しょー》楽《らく》。故《こー》名《みょう》極《ごく》楽《らく》。

又《うー》舎《しゃー》利《りー》弗《ほっ》。極《ごく》楽《らく》国《こく》土《どー》。七《しち》重《じゅう》欄《らん》楯《じゅん》。七《しち》重《じゅう》羅《らー》網《もう》。七《しち》重《じゅう》行《ごう》樹《じゅー》。皆《かい》是《ぜー》四《しー》宝《ほう》。周《しゅう》帀《そう》囲《いー》

ぎて、世界《せかい》有《あ》り。名《な》づけて極楽《ごくらく》と曰《い》う。其《そ》の土《ど》に仏《ぶつ》有《あ》りて、阿弥陀《あみだ》と号《ごう》す。今《いま》、現《げん》に在《あ》りて法《ほう》を説《と》きたもう。舎利弗《しゃりほつ》よ、彼《か》の土《ど》を何《なに》が故《ゆえ》に名《な》づけて極楽《ごくらく》と為《な》すや。其《そ》の国《くに》の衆生《しゅじょう》、衆《もろもろ》の苦《く》有《あ》ること無《な》く、但《ただ》、諸《もろもろ》の楽《たの》しみを受《う》く。故《ゆえ》に極楽《ごくらく》と名《な》づく。

又《また》、舎利弗《しゃりほつ》よ、極楽国土《ごくらくこくど》には、七重《しちじゅう》の欄楯《らんじゅん》、七重《しちじゅう》の羅網《らもう》、七重《しちじゅう》の行樹《ごうじゅ》あり。皆《みな》、是《こ》れ四宝《しほう》をもって、周帀囲繞《しゅうそういにょう》す。是《こ》の故《ゆえ》に彼《か》の国《くに》を名《な》づけて極楽《ごくらく》と曰《い》う。

繞《にょう》。是《ぜー》故《こー》彼《ひー》国《こく》。名《みょう》曰《わつ》極《ごく》楽《らく》。又《うー》舎《しゃー》利《りー》弗《ほつ》。極《ごく》楽《らく》国《こく》土《どー》。有《うー》七《しっ》宝《ぽう》池《ちー》。八《はっ》功《くー》徳《どく》水《すい》。充《じゅう》満《まん》其《ごー》中《ちゅう》。池《ちー》底《たい》純《じゅん》以《にー》。金《こん》沙《しゃー》布《ふー》地《じー》。四《しー》辺《へん》階《かい》道《どう》。金《こん》銀《ごん》瑠《るー》璃《りー》。玻《はー》瓈《りー》合《ごう》成《じょう》。上《じょう》有《うー》楼《ろう》閣《かく》。亦《やく》以《いー》金《こん》銀《ごん》瑠《るー》璃《りー》。玻《はー》瓈《りー》硨《しゃー》磲《こー》。赤《しゃく》珠《しゅー》碼《めー》碯《のう》。而《にー》厳《ごん》飾《じき》之《しー》。池《ちー》中《ちゅう》蓮《れん》華《げー》。大《だい》如《にょー》車《しゃー》輪《りん》。青《しょう》色《しき》

又《また》、舎利弗《しゃりほつ》よ、極楽国土《ごくらくこくど》には、七宝《しっぽう》の池《いけ》有《あ》り。八功徳《はっくどく》の水《みず》、其《そ》の中《なか》に充満《じゅうまん》す。池《いけ》の底《そこ》には純《もっぱ》ら金沙《こんしゃ》を以《もっ》て地《じ》に布《し》けり。四辺《しへん》の階道《かいどう》は、金《こん》・銀《ごん》・瑠璃《るり》・玻瓈《はり》をもって合成《ごうじょう》す。上《うえ》に楼閣《ろうかく》有《あ》り。亦《また》、金《こん》・銀《ごん》・瑠璃《るり》・玻瓈《はり》・硨磲《しゃこ》・赤珠《しゃくしゅ》・碼碯《めのう》を以《もっ》て、之《これ》を厳飾《ごんじき》す。池《いけ》の中《なか》の蓮華《れんげ》・大《おお》きさ車輪《しゃりん》の如《ごと》し。青色《しょうしき》には青光《しょうこう》あり、黄《おう》色《しき》には黄光《おうこう》あり、赤色《しゃくしき》には赤光《しゃっこう》あり、白色《びゃくしき》には白光《びゃっこう》あり、微妙香潔《みみょうこうけつ》なり。

青《しょう》光《こう》。黄《おう》色《しき》黄《おう》光《こう》。赤《しゃく》色《しき》赤《しゃく》
光《こう》。白《びゃく》色《しき》白《びゃっ》光《こう》。微《みー》妙《みょう》香《こう》潔《けつ》。
舎《しゃー》利《りー》弗《ほつ》。極《ごく》楽《らく》国《こく》土《どー》。成《じょう》就《じゅー》
如《にょー》是《ぜー》。功《くー》徳《どく》荘《しょう》厳《ごん》。
又《うー》舎《しゃー》利《りー》弗《ほつ》。彼《ひー》仏《ぶつ》国《こく》土《どー》。常《じょう》
作《さー》天《てん》楽《がく》。黄《おう》金《ごん》為《いー》地《じー》。昼《ちゅう》夜《やー》
六《ろく》時《じー》。而《にー》雨《うー》曼《まん》陀《だー》羅《らー》華《けー》。其《ごー》
国《こく》衆《しゅー》生《じょう》。常《じょう》以《いー》清《しょう》旦《たん》。各《かく》以《いー》
衣《えー》裓《こく》。盛《じょう》衆《しゅー》妙《みょう》華《けー》。供《くー》養《よう》他《たー》

舎利弗《しゃりほつ》よ、極楽国土《ごくらくこくど》には、是《かく》の如《ごと》きの功《く》徳《どく》の荘厳《しょうごん》を成就《じょうじゅ》せり。

又《また》、舎利弗《しゃりほつ》よ、彼《か》の仏国土《ぶっこくど》は、常《つね》に天《てん》楽《がく》を作《な》し、黄金《おうごん》を地《じ》と為《な》す。昼夜六時《ちゅうやろくじ》、曼陀羅華《まんだらけ》を雨《ふ》らす。其《そ》の国《くに》の衆生《しゅじょう》、常《つね》に清旦《しょうたん》を以《もっ》て、各《おのおの》衣裓《えこく》を以《もっ》て、衆《もろもろ》の妙華《みょうけ》を盛《も》り、他方十万億《たほうじゅうまんおく》の仏《ほとけ》を供養《くよう》し、即《すなわ》ち食時《じきじ》を以《もっ》て、還《かえ》りて本国《ほんごく》に到《いた》り、

方《ほう》。十《じゅう》万《まん》億《のく》仏《ぶつ》。即《そく》以《いー》食《じき》時《じー》。還《げん》到《とう》本《ほん》国《ごく》。飯《ぼん》食《じき》経《きょう》行《ぎょう》。舎《しゃー》利《りー》弗《ほつ》。極《ごく》楽《らく》国《こく》土《どー》。成《じょう》就《じゅー》如《にょー》是《ぜー》。功《くー》徳《どく》荘《しょう》厳《ごん》。

復《ぶー》次《しー》舎《しゃー》利《りー》弗《ほつ》。彼《ひー》国《こく》常《じょう》有《うー》。種《しゅー》種《じゅー》奇《きー》妙《みょう》。雑《ざつ》色《しき》之《しー》鳥《ちょう》。白《びゃく》鵠《こう》孔《くー》雀《じゃく》。鸚《おう》鵡《むー》舎《しゃー》利《りー》。迦《かー》陵《りょう》頻《びん》伽《がー》。共《ぐー》命《みょう》之《しー》鳥《ちょう》。是《ぜー》諸《しょー》衆《しゅー》鳥《ちょう》。昼《ちゅう》夜《やー》六《ろく》時《じー》。出《すい》和《わー》雅《げー》音《おん》。

飯食《ぼんじき》し、経行《きんひん》す。舎利弗《しゃりほつ》よ、極楽国土《ごくらくこくど》には、是《かく》の如《ごと》きの功徳《くどく》の荘厳《しょうごん》を成就《じょうじゅ》せり。

復《また》、次《つぎ》に、舎利弗《しゃりほつ》よ、彼《か》の国《くに》には、常《つね》に種種《しゅじゅ》の奇妙雑色《きみょうざっしき》の鳥《とり》有《あ》り。白鵠《びゃっこう》・孔《く》雀《じゃく》・鸚鵡《おうむ》・舎利《しゃり》・迦陵頻伽《かりょうびんが》・共命鳥《ぐみょうとり》なり。是《こ》の諸衆《もろもろ》の鳥《とり》、昼夜六時《ちゅうやろくじ》、和雅《わげ》の音《こえ》を出《いだ》す。其《そ》の音《こえ》は、五根《ごこん》・五力《ごりき》・七《しち》菩提分《ぼだいぶん》・八聖道分《はっしょうどうぶん》、是《かく》の如《ごと》き等《ら》の法《ほう》を

其《ごー》音《おん》演《えん》暢《ちょう》。五《ごー》根《こん》五《ごー》力《りき》。七《しち》菩《ぼー》提《だい》分《ぶん》。八《はっ》聖《しょう》道《どう》分《ぶん》。如《にょー》是《ぜー》等《とう》法《ほう》。其《ごー》土《どー》衆《しゅー》生《じょう》。聞《もん》是《ぜー》音《おん》已《にー》。皆《かい》悉《しつ》念《ねん》仏《ぶつ》念《ねん》法《ぽう》念《ねん》僧《そう》。舎《しゃー》利《りー》弗《ほつ》。汝《にょー》勿《もつ》謂《いー》此《しー》鳥《ちょう》。実《じつ》是《ぜー》罪《ざい》報《ほう》所《しょー》生《しょう》。所《しょー》以《いー》者《しゃー》何《がー》。彼《ひー》仏《ぶつ》国《こく》土《どー》。無《むー》三《さん》悪《まく》趣《しゅー》。舎《しゃー》利《りー》弗《ほつ》。其《ごー》仏《ぶつ》国《こく》土《どー》。尚《しょう》無《むー》三《さん》悪《まく》道《どう》之《しー》名《みょう》。何《がー》況《きょう》有《うー》実《じつ》。是《ぜー》

演暢《えんちょう》す。其《そ》の土《ど》の衆生《しゅじょう》、是《こ》の音《こえ》を聞《き》き已《お》りて、皆悉《みなことごと》く、仏《ぶつ》を念《ねん》じ、法《ほう》を念《ねん》じ、僧《そう》を念《ねん》ず。

舎利弗《しゃりほつ》よ、汝《なんじ》、此《こ》の鳥《とり》は実《じつ》に是《こ》れ罪報《ざいほう》の所生《しょしょう》と謂《い》うこと勿《なか》れ。所以《ゆえ》は何《いかん》。彼《か》の仏国土《ぶっこくど》には、三悪趣《さんまくしゅ》無《な》ければなり。舎《しゃ》利弗《りほつ》よ、其《そ》の仏国土《ぶっこくど》には、尚《なお》、三悪道《さんまくどう》の名《な》も無《な》し。何《いか》に況《いわ》んや、実有《じつあ》らんや。是《こ》の諸衆《もろもろ》の鳥《とり》は、皆《みな》、是《こ》れ阿弥陀仏《あみだぶつ》の法音《ほうおん》

諸衆鳥《しょーしゅーちょう》。皆是阿弥陀仏《かいぜーあーみーだーぶつ》。欲令法音宣流《よくりょうほうおんせんるー》。変化所作《へんげーしょーさー》。舎利弗《しゃーりーほつ》。彼仏国土《ひーぶつこくどー》。微風吹動《みーふうすいどう》。諸宝行樹《しょーほうごうじゅーぎゅう》。及宝羅網《ほうらーもう》。出微妙音《すいみーみょうおん》。譬如百千種楽《ひーにょーひゃくせんじゅーがく》。同時俱作《どうじーくーさー》。聞是音者《もんぜーおんしゃー》。皆自然生《かいじーねんじょう》。念仏念法《ねんぶつねんぽう》。念僧之心《ねんそうしーしん》。舎利弗《しゃーりーほつ》。其仏《ごーぶつ》

をして宣流《せんる》せしめんと欲《ほっ》し、変化《へんげ》し作《な》したまえる所《ところ》なり。

舎利弗《しゃりほつ》よ、彼《か》の仏国土《ぶっこくど》には、微風吹動《みふうすいどう》し、諸《もろもろ》の宝行樹及《ほうごうじゅおよ》び宝羅網《ほうらもう》は、微妙《みみょう》の音《こえ》を出《いだ》す。譬《たと》うれば百千種《ひゃくせんじゅ》の楽《がく》を同時《どうじ》に俱《とも》に作《な》すが如《ごと》し。是《こ》の音《こえ》を聞《き》く者《もの》は、皆《みな》、自然《じねん》に念仏《ねんぶつ》・念法《ねんぽう》・念僧《ねんそう》の心《こころ》を生《しょう》ず。舎利弗《しゃりほつ》よ、其《そ》の仏国土《ぶっこくど》には、是《かく》の如《ごと》きの功徳《くどく》の荘厳《しょうごん》を成就《じょうじゅ》せり。

国《こく》土《どー》。成《じょう》就《じゅー》如《にょー》是《ぜー》。功《くー》徳《どく》荘《しょう》厳《ごん》。

舎《しゃー》利《りー》弗《ほつ》。於《おー》汝《にょー》意《いー》云《うん》何《がー》。彼《ひー》仏《ぶつ》何《がー》故《こー》。号《ごう》阿《あー》弥《みー》陀《だー》。舎《しゃー》利《りー》弗《ほつ》。彼《ひー》仏《ぶつ》光《こう》明《みょう》無《むー》量《りょう》。照《しょう》十《じっ》方《ぽう》国《こく》。無《むー》所《しょー》障《しょう》礙《げー》。是《ぜー》故《こー》号《ごう》為《いー》阿《あー》弥《みー》陀《だー》。又《うー》舎《しゃー》利《りー》弗《ほつ》。彼《ひー》仏《ぶつ》寿《じゅー》命《みょう》。及《ぎゅう》其《ごー》人《にん》民《みん》。無《むー》量《りょう》無《むー》辺《へん》。阿《あー》僧《そう》祇《ぎー》劫《こう》。故《こー》名《みょう》阿《あー》

舎利弗《しゃりほつ》よ、汝《なんじ》の意《こころ》に於《お》いて云何《いかん》。彼《か》の仏《ほとけ》を何《なに》が故《ゆえ》に阿弥陀《あみだ》と号《ごう》すや。舎利弗《しゃりほつ》よ、彼《か》の仏《ほとけ》の光明《こうみょう》は無量《むりょう》にして、十方《じっぽう》の国《くに》を照《て》らして、障礙《しょうげ》する所《ところ》無《な》し。是《こ》の故《ゆえ》に号《ごう》して阿弥陀《あみだ》と為《な》す。又《また》、舎利弗《しゃりほつ》よ、彼《か》の仏《ほとけ》の寿命《じゅみょう》、及《およ》び其《そ》の人民《にんみん》、無《む》量《りょう》無辺《むへん》にして、阿僧祇劫《あそうぎこう》なり。故《ゆえ》に阿《あ》弥陀《みだ》と名《な》づく。

弥《みー》陀《だー》。
舎《しゃー》利《りー》弗《ほっ》。阿《あー》弥《みー》陀《だー》仏《ぶっ》。成《じょう》仏《ぶっ》
已《いー》来《らい》。於《おー》今《こん》十《じっ》劫《こう》。又《うー》舎《しゃー》利《りー》
弗《ほっ》。彼《ひー》仏《ぶっ》有《うー》無《むー》量《りょう》無《むー》辺《へん》。声《しょう》
聞《もん》弟《でー》子《しー》。皆《かい》阿《あー》羅《らー》漢《かん》。非《ひー》是《ぜー》
算《さん》数《じゅー》。之《しー》所《しょー》能《のう》知《ちー》。諸《しょー》菩《ぼー》薩《さっ》
衆《しゅー》。亦《やく》復《ぶー》如《にょー》是《ぜー》。舎《しゃー》利《りー》弗《ほっ》。彼《ひー》
仏《ぶっ》国《こく》土《どー》。成《じょう》就《じゅー》如《にょー》是《ぜー》。功《くー》徳《どく》
荘《しょう》厳《ごん》。

舎《しゃ》利《り》弗《ほつ》よ、阿《あ》弥《み》陀《だ》仏《ぶつ》は、成仏《じょうぶつ》より已来《このかた》、今《いま》に於《お》いて十劫《じっこう》なり。又《また》、舎利弗《しゃりほつ》よ、彼《か》の仏《ほとけ》には無量無辺《むりょうむへん》の声聞《しょうもん》の弟子《でし》有《あ》り。皆《みな》、阿羅漢《あらかん》にして、是《こ》れ算数《さんじゅ》の能《よ》く知《し》る所《ところ》に非《あら》ず。諸《もろもろ》の菩薩衆《ぼさつしゅ》も、亦復《またまた》、是《かく》の如《ごと》し。舎利弗《しゃりほつ》よ、彼《か》の仏国土《ぶっこくど》には、是《かく》の如《ごと》きの功徳《くどく》の荘厳《しょうごん》を成就《じょうじゅ》せり。

又《うー》舎《しゃー》利《りー》弗《ほつ》。極《ごく》楽《らく》国《こく》土《どー》。衆《しゅー》生《じょう》生《しょう》者《じゃー》。皆《かい》是《ぜー》阿《あー》鞞《びー》跋《ばっ》致《ちー》。其《ごー》中《ちゅう》多《たー》有《うー》。一《いっ》生《しょう》補《ふー》処《しょー》。其《ごー》数《しゅー》甚《じん》多《たー》。非《ひー》是《ぜー》算《さん》数《じゅー》所《しょー》能《のう》知《ちー》之《しー》。但《たん》可《かー》以《いー》無《むー》量《りょう》無《むー》辺《へん》。阿《あー》僧《そう》祇《ぎー》劫《こう》説《せつ》。

舎《しゃー》利《りー》弗《ほつ》。衆《しゅー》生《じょう》聞《もん》者《じゃー》。応《おう》当《とう》発《ほつ》願《がん》。願《がん》生《しょう》彼《ひー》国《こく》。所《しょー》以《いー》者《しゃー》何《がー》。得《とく》与《よー》如《にょー》是《ぜー》。諸《しょー》上《じょう》善《ぜん》人《にん》。

又《また》、舎利弗《しゃりほつ》よ、極楽国土《ごくらくこくど》に衆生《しゅじょう》の生《う》まれたる者《もの》は、皆《みな》、是《こ》れ阿鞞跋致《あびばっち》なり。其《そ》の中《なか》に多《おお》く、一生補処《いっしょうふしょ》有《あ》り。其《そ》の数《かず》、甚《はなは》だ多《おお》し。是《こ》れ算数《さんじゅ》の能《よ》く之《これ》を知《し》る所《ところ》に非《あら》ず。但《ただ》、無量無辺《むりょうむへん》、阿僧祇劫《あそうぎこう》を以《もっ》て説《と》くべし。

舎利弗《しゃりほつ》よ、衆生《しゅじょう》にして聞《き》かん者《もの》は、応当《まさ》に願《がん》を発《おこ》して、彼《か》の国《くに》に生《う》まれんと願《ねが》うべし。所以《ゆえ》は何《いかん》。是《かく》の如《ごと》きの諸《もろもろ》の上善人《じょうぜんにん》と倶《とも》に、一処《いっしょ》に会《え》することを得《う》

倶《くー》会《えー》一《いっ》処《しょー》。舎《しゃー》利《りー》弗《ほっ》。不《ふー》可《かー》以《いー》少《しょう》善《ぜん》根《ごん》。福《ふく》徳《とく》因《いん》縁《ねん》。得《とく》生《しょう》彼《ひー》国《こく》。

舎《しゃー》利《りー》弗《ほっ》。若《にゃく》有《うー》善《ぜん》男《なん》子《しー》善《ぜん》女《にょー》人《にん》。聞《もん》説《せっ》阿《あー》弥《みー》陀《だー》仏《ぶっ》。執《しゅう》持《じー》名《みょう》号《ごう》。若《にゃく》一《いち》日《にち》。若《にゃく》二《にー》日《にち》。若《にゃく》三《さん》日《にち》。若《にゃく》四《しー》日《にち》。若《にゃく》五《ごー》日《にち》。若《にゃく》六《ろく》日《にち》。若《にゃく》七《しち》日《にち》。一《いっ》心《しん》不《ふー》乱《らん》。其《ごー》人《にん》臨《りん》命《みょう》終《じゅう》時《じー》。阿《あー》弥《みー》

ればなり。舎利弗《しゃりほつ》よ、少《しょう》なる善根《ぜんごん》・福徳《ふくとく》の因縁《いんねん》を以《もっ》て、彼《か》の国《くに》に生《う》まるるを得《う》べからず。

舎利弗《しゃりほつ》よ、若《も》し善男子《ぜんなんし》・善女人《ぜんにょにん》有《あ》りて、阿弥陀仏《あみだぶつ》を説《と》くを聞《き》き、名号《みょうごう》を執持《しゅうじ》すること、若《も》しは一日《いちにち》、若《も》しは二日《ににち》、若《も》しは三日《さんにち》、若《も》しは四日《しにち》、若《も》しは五日《ごにち》、若《も》しは六日《ろくにち》、若《も》しは七日《しちにち》、一心不乱《いっしんふらん》ならば、其《そ》の人《ひと》、命《いのち》終《お》わる時《とき》に臨《のぞ》んで、阿弥陀《あみだ》仏《ぶつ》は諸《もろもろ》の聖衆《しょうじゅ》とともに、現《げん》に其《そ》の前《まえ》に

陀《だー》仏《ぶっ》。与《よー》諸《しょー》聖《しょう》衆《じゅー》。現《げん》在《ざい》其《ごー》
前《ぜん》。是《ぜー》人《にん》終《じゅう》時《じー》。心《しん》不《ぷー》顛《てん》倒《どう》。
即《そく》得《とく》往《おう》生《じょう》。阿《あー》弥《みー》陀《だー》仏《ぶっ》。極《ごく》
楽《らく》国《こく》土《どー》。
舎《しゃー》利《りー》弗《ほっ》。我《がー》見《けん》是《ぜー》利《りー》。故《こー》説《せっ》
此《しー》言《ごん》。若《にゃく》有《うー》衆《しゅー》生《じょう》。聞《もん》是《ぜー》説《せっ》
者《しゃー》。応《おう》当《とう》発《ほっ》願《がん》。生《しょう》彼《ひー》国《こく》土《どー》。
舎《しゃー》利《りー》弗《ほっ》。如《にょー》我《がー》今《こん》者《じゃー》。讃《さん》歎《だん》
阿《あー》弥《みー》陀《だー》仏《ぶっ》。不《ふー》可《かー》思《しー》議《ぎー》功《くー》

在《あ》らん。是《こ》の人《ひと》、終《お》わる時《とき》、心《こころ》、顛倒《てんどう》せず。即《すなわ》ち阿弥陀仏《あみだぶつ》の極楽国土《ごくらくこくど》に往生《おうじょう》することを得《え》ん。

舎利弗《しゃりほつ》よ、我《われ》、是《こ》の利《り》を見《み》る。故《ゆえ》に此《こ》の言《ごん》を説《と》く。若《も》し衆生《しゅじょう》有《あ》りて、是《こ》の説《せつ》を聞《き》かば、応当《まさ》に彼《か》の国土《こくど》に生《う》まれんと願《がん》を発《おこ》すべし、と。

舎利弗《しゃりほつ》よ、我《われ》、今《いま》、阿弥陀仏《あみだぶつ》の不可思議《ふかしぎ》の功徳《くどく》を讃歎《さんだん》する如《ごと》く、東方《とうぼう》にも、亦《また》、

徳《どく》。東《とう》方《ぼう》亦《やく》有《うー》。阿《あー》閦《しゅく》鞞《びー》仏《ぶつ》。
須《しゅー》弥《みー》相《そう》仏《ぶつ》。大《だい》須《しゅー》弥《みー》仏《ぶつ》。須《しゅー》
弥《みー》光《こう》仏《ぶつ》。妙《みょう》音《おん》仏《ぶつ》。如《にょー》是《ぜー》等《とう》。
恒《ごう》河《がー》沙《しゃー》数《しゅー》諸《しょー》仏《ぶつ》。各《かく》於《おー》其《ごー》
国《こく》。出《すい》広《こう》長《じょう》舌《ぜつ》相《そう》。偏《へん》覆《ぷー》三《さん》
千《ぜん》。大《だい》千《せん》世《せー》界《かい》。説《せつ》誠《じょう》実《じつ》言《ごん》。
汝《にょー》等《とう》衆《しゅー》生《じょう》。当《とう》信《しん》是《ぜー》称《しょう》讃《さん》。
不《ふー》可《かー》思《しー》議《ぎー》功《くー》徳《どく》。一《いっ》切《さい》諸《しょー》
仏《ぶつ》。所《しょー》護《ごー》念《ねん》経《ぎょう》。

阿《あ》閦《しゅく》鞞《び》仏《ぶつ》、須《しゅ》弥《み》相《そう》仏《ぶつ》、大《だい》須《しゅ》弥《み》仏《ぶつ》、須《しゅ》弥《み》光《こう》仏《ぶつ》、妙《みょう》音《おん》仏《ぶつ》、是《かく》の如《ごと》き等《ら》の恒《ごう》河《が》沙《しゃ》数《しゅ》の諸《しょ》仏《ぶつ》有《あ》りて、各《おのおの》其《そ》の国《くに》に於《お》いて、広《こう》長《じょう》の舌《ぜっ》相《そう》を出《いだ》し、偏《あまね》く三《さん》千《ぜん》大《だい》千《せん》世《せ》界《かい》を覆《おお》いて、誠《じょう》実《じつ》の言《ごん》を説《と》きたもう。汝《なんじ》等《ら》衆《しゅ》生《じょう》よ、当《まさ》に是《こ》の不《ふ》可《か》思《し》議《ぎ》の功《く》徳《どく》を称《しょう》讃《さん》し、一《いっ》切《さい》の諸《しょ》仏《ぶつ》の護《ご》念《ねん》する所《ところ》の経《きょう》を信《しん》ずべし、と。

舎《しゃー》利《りー》弗《ほっ》。南《なん》方《ぽう》世《せー》界《かい》。有《うー》日《にち》
月《がつ》灯《とう》仏《ぶつ》。名《みょう》聞《もん》光《こう》仏《ぶつ》。大《だい》焔《えん》
肩《けん》仏《ぶつ》。須《しゅー》弥《みー》灯《とう》仏《ぶつ》。無《むー》量《りょう》精《しょう》
進《じん》仏《ぶつ》。如《にょー》是《ぜー》等《とう》。恒《ごう》河《がー》沙《しゃー》数《しゅー》
諸《しょー》仏《ぶつ》。各《かく》於《おー》其《ごー》国《こく》。出《すい》広《こう》長《じょう》
舌《ぜっ》相《そう》。偏《へん》覆《ぷー》三《さん》千《ぜん》。大《だい》千《せん》世《せー》
界《かい》。説《せつ》誠《じょう》実《じつ》言《ごん》。汝《にょー》等《とう》衆《しゅー》生《じょう》。
当《とう》信《しん》是《ぜー》称《しょう》讃《さん》。不《ふー》可《かー》思《しー》議《ぎー》
功《くー》徳《どく》。一《いっ》切《さい》諸《しょー》仏《ぶつ》。所《しょー》護《ごー》念《ねん》

舎利弗《しゃりほつ》よ、南方世界《なんぽうせかい》に、日月灯仏《にちがつとうぶつ》、名聞光仏《みょうもんこうぶつ》、大焔肩仏《だいえんけんぶつ》、須弥灯仏《しゅみとうぶつ》、無量《むりょう》精進仏《しょうじんぶつ》、是《かく》の如《ごと》き等《ら》の恒河沙数《ごうがしゃしゅ》の諸仏《しょぶつ》有《あ》りて、各《おのおの》其《そ》の国《くに》に於《お》いて、広長《こうじょう》の舌《ぜっ》相《そう》を出《いだ》し、偏《あまね》く三千大千世界《さんぜんだいせんせかい》を覆《おお》いて、誠実《じょうじつ》の言《ごん》を説《と》きたもう。汝等衆生《なんじらしゅじょう》よ、当《まさ》に是《こ》の不可思議《ふかしぎ》の功徳《くどく》を称讃《しょうさん》し、一《いっ》切《さい》の諸仏《しょぶつ》の護念《ごねん》する所《ところ》の経《きょう》を信《しん》ずべし、と。

經《ぎょう》。
舎《しゃー》利《りー》弗《ほっ》。西《さい》方《ほう》世《せー》界《かい》。有《うー》無《むー》
量《りょう》寿《じゅー》仏《ぶつ》。無《むー》量《りょう》相《そう》仏《ぶつ》。無《むー》量《りょう》
幢《どう》仏《ぶつ》。大《だい》光《こう》仏《ぶつ》。大《だい》明《みょう》仏《ぶつ》。宝《ほう》
相《そう》仏《ぶつ》。浄《じょう》光《こう》仏《ぶつ》。如《にょー》是《ぜー》等《とう》。恒《ごう》
河《がー》沙《しゃー》数《しゅー》諸《しょー》仏《ぶつ》。各《かく》於《おー》其《ごー》国《こく》。
出《すい》広《こう》長《じょう》舌《ぜっ》相《そう》。偏《へん》覆《ぷー》三《さん》千《ぜん》。
大《だい》千《せん》世《せー》界《かい》。説《せっ》誠《じょう》実《じつ》言《ごん》。汝《にょー》
等《とう》衆《しゅー》生《じょう》。当《とう》信《しん》是《ぜー》称《しょう》讃《さん》。不《ふー》

舎利弗《しゃりほつ》よ、西方《さいほう》世界《せかい》に、無量寿仏《むりょうじゅぶつ》、無量相仏《むりょうそうぶつ》、無量幢仏《むりょうどうぶつ》、大光仏《だいこうぶつ》、大明《だいみょう》仏《ぶつ》、宝相仏《ほうそうぶつ》、浄光仏《じょうこうぶつ》、是《かく》の如《ごと》き等《ら》の恒《ごう》河沙数《がしゃしゅ》の諸仏《しょぶつ》有《あ》りて、各《おのおの》其《そ》の国《くに》に於《お》いて、広長《こうじょう》の舌相《ぜっそう》を出《いだ》し、偏《あまね》く三千大千《さんぜんだいせん》世界《せかい》を覆《おお》いて、誠実《じょうじつ》の言《ごん》を説《と》きたもう。

汝等衆生《なんじらしゅじょう》よ、当《まさ》に是《こ》の不可思議《ふかしぎ》の功徳《くどく》を称讃《しょうさん》し、一切《いっさい》の諸仏《しょぶつ》の護念《ごねん》する所《ところ》の経《きょう》を信《しん》ずべし、と。

可《かー》思《しー》議《ぎー》功《くー》徳《どく》。一《いっ》切《さい》諸《しょー》仏《ぶつ》。

所《しょー》護《ごー》念《ねん》経《ぎょう》。

舎《しゃー》利《りー》弗《ほつ》。北《ほっ》方《ぽう》世《せー》界《かい》。有《うー》焔《えん》肩《けん》仏《ぶつ》。最《さい》勝《しょう》音《おん》仏《ぶつ》。難《なん》沮《しょー》仏《ぶつ》。日《にっ》生《しょう》仏《ぶつ》。網《もう》明《みょう》仏《ぶつ》。如《にょー》是《ぜー》等《とう》。恒《ごう》河《がー》沙《しゃー》数《しゅー》諸《しょー》仏《ぶつ》。各《かく》於《おー》其《ごー》国《こく》。出《すい》広《こう》長《じょう》舌《ぜっ》相《そう》。徧《へん》覆《ぷー》三《さん》千《ぜん》。大《だい》千《せん》世《せー》界《かい》。説《せつ》誠《じょう》実《じつ》言《ごん》。汝《にょー》等《とう》衆《しゅー》生《じょう》。当《とう》信《しん》是《ぜー》称《しょう》讃《さん》。


舎利弗《しゃりほつ》よ、北方世界《ほっぽうせかい》に、焔肩仏《えんけんぶつ》、最《さい》勝音仏《しょうおんぶつ》、難沮仏《なんしょぶつ》、日生仏《にっしょうぶつ》、網明仏《もうみょうぶつ》、是《かく》の如《ごと》き等《ら》の恒河沙数《ごうがしゃしゅ》の諸仏有《しょぶつあ》りて、各《おのおの》其《そ》の国《くに》に於《お》いて、広長《こうじょう》の舌相《ぜっそう》を出《いだ》し、徧《あまね》く三千大千世界《さんぜんだいせんせかい》を覆《おお》いて、誠実《じょうじつ》の言《ごん》を説《と》きたもう。汝等衆生《なんじらしゅじょう》よ、当《まさ》に是《こ》の不可思議《ふかしぎ》の功徳《くどく》を称讃《しょうさん》し、一切《いっさい》の諸仏《しょぶつ》の護念《ごねん》する所《ところ》の経《きょう》を信《しん》ずべし、と。

不《ふー》可《かー》思《しー》議《ぎー》功《くー》徳《どく》。一《いっ》切《さい》諸《しょー》仏《ぶつ》。所《しょー》護《ごー》念《ねん》経《ぎょう》。舎《しゃー》利《りー》弗《ほつ》。下《げー》方《ほう》世《せー》界《かい》。有《うー》師《しー》子《しー》仏《ぶつ》。名《みょう》聞《もん》仏《ぶつ》。名《みょう》光《こう》仏《ぶつ》。達《だつ》摩《まー》仏《ぶつ》。法《ほう》幢《どう》仏《ぶつ》。持《じー》法《ほう》仏《ぶつ》。如《にょー》是《ぜー》等《とう》。恒《ごう》河《がー》沙《しゃー》数《しゅー》諸《しょー》仏《ぶつ》。各《かく》於《おー》其《ごー》国《こく》。出《すい》広《こう》長《じょう》舌《ぜつ》相《そう》。徧《へん》覆《ぷー》三《さん》千《ぜん》。大《だい》千《せん》世《せー》界《かい》。説《せつ》誠《じょう》実《じっ》言《ごん》。汝《にょー》等《とう》衆《しゅー》生《じょう》。当《とう》信《しん》是《ぜー》

舎利弗《しゃりほつ》よ、下方世界《げほうせかい》に、師子仏《ししぶつ》、名《みょう》聞仏《もんぶつ》、名光仏《みょうこうぶつ》、達摩仏《だつまぶつ》、法幢仏《ほうどうぶつ》、持法《じほう》仏《ぶつ》、是《かく》の如《ごと》き等《ら》の恒河沙数《ごうがしゃしゅ》の諸仏《しょぶつ》有《あ》りて、各《おのおの》其《そ》の国《くに》に於《お》いて、広長《こうじょう》の舌相《ぜっそう》を出《いだ》し、徧《あまね》く三千大千世界《さんぜんだいせんせかい》を覆《おお》いて、誠実《じょうじつ》の言《ごん》を説《と》きたもう。汝等衆生《なんじらしゅじょう》よ、当《まさ》に是《こ》の不可思議《ふかしぎ》の功徳《くどく》を称讃《しょうさん》し一切《いっさい》の諸《しょ》仏《ぶつ》の護念《ごねん》する所《ところ》の経《きょう》を信《しん》ずべし、と。

称《しょう》讃《さん》。不《ふー》可《かー》思《しー》議《ぎー》功《くー》徳《どく》。一《いっ》切《さい》諸《しょー》仏《ぶつ》。所《しょー》護《ごー》念《ねん》経《ぎょう》。

舎《しゃー》利《りー》弗《ほつ》。上《じょう》方《ほう》世《せー》界《かい》。有《うー》梵《ぼん》音《のん》仏《ぶつ》。宿《しゅく》王《おう》仏《ぶつ》。香《こう》上《じょう》仏《ぶつ》。香《こう》光《こう》仏《ぶつ》。大《だい》焔《えん》肩《けん》仏《ぶつ》。雑《ざっ》色《しき》宝《ほう》華《けー》厳《ごん》身《しん》仏《ぶつ》。娑《しゃー》羅《らー》樹《じゅー》王《おう》仏《ぶつ》。宝《ほう》華《けー》徳《とく》仏《ぶつ》。見《けん》一《いっ》切《さい》義《ぎー》仏《ぶつ》。如《にょー》須《しゅー》弥《みー》山《せん》仏《ぶつ》。如《にょー》是《ぜー》等《とう》。恒《ごう》河《がー》沙《しゃー》数《しゅー》諸《しょー》仏《ぶつ》。各《かく》於《おー》其《ごー》国《こく》。

舎利弗《しゃりほつ》よ、上方世界《じょうほうせかい》に、梵音仏《ぼんのんぶつ》、宿王仏《しゅくおうぶつ》、香上仏《こうじょうぶつ》、香光仏《こうこうぶつ》、大焔肩仏《だいえんけんぶつ》、雑色宝華厳身仏《ざっしきほうけごんしんぶつ》、娑羅樹王仏《しゃらじゅおうぶつ》、宝華徳仏《ほうけとくぶつ》、見一切義仏《けんいっさいぎぶつ》、如須弥山仏《にょしゅみせんぶつ》、是《かく》の如《ごと》き等《ら》の恒河沙数《ごうがしゃしゅ》の諸仏《しょぶつ》有《あ》りて、各《おのおの》其《そ》の国《くに》に於《お》いて、広長《こうじょう》の舌相《ぜっそう》を出《いだ》し、偏《あまね》く三千大千世界《さんぜんだいせんせかい》を覆《おお》いて、誠実《じょうじつ》の言《ごん》を説《と》きたもう。汝等衆生《なんじらしゅじょう》よ、当《まさ》に是《こ》の不可思議《ふかしぎ》の

出《すい》広《こう》長《じょう》舌《ぜつ》相《そう》。徧《へん》覆《ぷー》三《さん》千《ぜん》。
大《だい》千《せん》世《せー》界《かい》。説《せつ》誠《じょう》実《じつ》言《ごん》。汝《にょー》
等《とう》衆《しゅー》生《じょう》。当《とう》信《しん》是《ぜー》称《しょう》讃《さん》。不《ふー》
可《かー》思《しー》議《ぎー》功《くー》徳《どく》。一《いっ》切《さい》諸《しょー》仏《ぶつ》。
所《しょー》護《ごー》念《ねん》経《ぎょう》。

舎《しゃー》利《りー》弗《ほつ》。於《おー》汝《にょー》意《いー》云《うん》何《がー》。何《がー》
故《こー》名《みょう》為《いー》。一《いっ》切《さい》諸《しょー》仏《ぶつ》。所《しょー》護《ごー》
念《ねん》経《ぎょう》。舎《しゃー》利《りー》弗《ほつ》。若《にゃく》有《うー》善《ぜん》男《なん》
子《しー》善《ぜん》女《にょー》人《にん》。聞《もん》是《ぜー》諸《しょー》仏《ぶつ》所《しょー》

功徳《くどく》を称讃《しょうさん》し一切《いっさい》の諸仏《しょぶつ》の護念《ごねん》する所《ところ》の経《きょう》を信《しん》ずべし、と。

舎利弗《しゃりほつ》よ、汝《なんじ》の意《こころ》に於《お》いて云何《いかん》。何《なに》が故《ゆえ》に名《な》づけて、一切《いっさい》の諸仏《しょぶつ》の護念《ごねん》する所《ところ》の経《きょう》と為《な》すや。舎利弗《しゃりほつ》よ、若《も》し善男《ぜんなん》子《し》・善女人《ぜんにょにん》有《あ》りて、是《こ》の諸仏《しょぶつ》の説《と》く所《ところ》の

説《せつ》名《みょう》。及《ぎゅう》経《きょう》名《みょう》者《しゃー》。是《ぜー》諸《しょー》善《ぜん》男《なん》子《しー》善《ぜん》女《にょー》人《にん》。皆《かい》為《いー》一《いっ》切《さい》諸《しょー》仏《ぶつ》。共《ぐー》所《しょー》護《ごー》念《ねん》。皆《かい》得《とく》不《ふー》退《たい》転《てん》。於《おー》阿《あー》耨《のく》多《たー》羅《らー》三《さん》藐《みゃく》三《さん》菩《ぼー》提《だい》。是《ぜー》故《こー》舎《しゃー》利《りー》弗《ほつ》。汝《にょー》等《とう》皆《かい》当《とう》。信《しん》受《じゅー》我《がー》語《ごー》。及《ぎゅう》諸《しょー》仏《ぶつ》所《しょー》説《せつ》。舎《しゃー》利《りー》弗《ほつ》。若《にゃく》有《うー》人《にん》。已《いー》発《ほつ》願《がん》。今《こん》発《ほつ》願《がん》。当《とう》発《ほつ》願《がん》。欲《よく》生《しょう》阿《あー》弥《みー》陀《だー》仏《ぶつ》国《こく》者《しゃー》。是《ぜー》

名《みな》及《およ》び経《きょう》の名《な》を聞《き》かば、是《こ》の諸《もろもろ》の善男《ぜんなん》子《し》・善女人《ぜんにょにん》は、皆《みな》、一切《いっさい》の諸仏《しょぶつ》の共《とも》に護《ご》念《ねん》する所《ところ》と為《な》り、皆《みな》、阿《あ》耨《のく》多《た》羅《ら》三《さん》藐《みゃく》三《さん》菩提《ぼだい》を退転《たいてん》せざるを得《え》ん。是《こ》の故《ゆえ》に、舎《しゃ》利弗《りほつ》よ、汝等《なんじら》、皆《みな》、当《まさ》に我《わ》が語《ご》及《およ》び諸《しょ》仏《ぶつ》の説《と》く所《ところ》を信受《しんじゅ》すべし。舎利弗《しゃりほつ》よ、若《も》し人《ひと》有《あ》りて、已《すで》に願《がん》を発《おこ》し、今願《いまがん》を発《おこ》し、当《まさ》に願《がん》を発《おこ》し、阿弥陀仏《あみだぶつ》の国《くに》に生《う》まれんと欲《ほっ》せば、是《こ》の諸《もろもろ》の人等《ひとら》、皆《みな》、阿耨多《あのくた》羅三藐三菩提《らさんみゃくさんぼだい》を退転《たいてん》せざるを得《え》ん。彼《か》の国土《こくど》に於《お》いて、若《も》しは已《すで》に生《う》まれ、若《も》

諸《しょー》人《にん》等《とう》。皆《かい》得《とく》不《ふー》退《たい》転《てん》。於《おー》阿《あー》耨《のく》多《たー》羅《らー》三《さん》藐《みゃく》三《さん》菩《ぼー》提《だい》。於《おー》彼《ひー》国《こく》土《どー》。若《にゃく》已《いー》生《しょう》。若《にゃく》今《こん》生《じょう》。若《にゃく》当《とう》生《しょう》。是《ぜー》故《こー》舎《しゃー》利《りー》弗《ほつ》。諸《しょー》善《ぜん》男《なん》子《しー》善《ぜん》女《にょー》人《にん》。若《にゃく》有《うー》信《しん》者《じゃー》。応《おう》当《とう》発《ほつ》願《がん》。生《しょう》彼《ひー》国《こく》土《どー》。

舎《しゃー》利《りー》弗《ほつ》。如《にょー》我《がー》今《こん》者《じゃー》。称《しょう》讃《さん》諸《しょー》仏《ぶつ》。不《ふー》可《かー》思《しー》議《ぎー》功《くー》徳《どく》。彼《ひー》

しは今《いま》生《う》まれ、若《も》しは当《まさ》に生《う》まれん。是《こ》の故《ゆえ》に、舎利弗《しゃりほつ》よ、諸《もろもろ》の善男子《ぜんなんし》・善女人《ぜんにょにん》、若《も》し信有《しんあ》らば、応当《まさ》に彼《か》の国土《こくど》に生《う》まれんと願《がん》を発《おこ》すべし。

舎利弗《しゃりほつ》よ、我《われ》、今《いま》、諸仏《しょぶつ》の不可思議《ふかしぎ》の功徳《くどく》を称讃《しょうさん》する如《ごと》く、彼《か》の諸仏等《しょぶつら》も、

諸《しょー》仏《ぶつ》等《とう》。亦《やく》称《しょう》説《せつ》我《がー》。不《ふー》可《かー》思《しー》議《ぎー》功《くー》徳《どく》。而《にー》作《さー》是《ぜー》言《ごん》。釈《しゃ》迦《か》牟《む》尼《に》仏《ぶつ》。能《のう》為《いー》甚《じん》難《なん》。希《けー》有《うー》之《しー》事《じー》。能《のう》於《おー》娑《しゃー》婆《ばー》国《こく》土《どー》。五《ごー》濁《じょく》悪《あく》世《せー》。劫《こう》濁《じょく》。見《けん》濁《じょく》。煩《ぼん》悩《のう》濁《じょく》。衆《しゅー》生《じょう》濁《じょく》。命《みょう》濁《じょく》中《ちゅう》。得《とく》阿《あー》耨《のく》多《たー》羅《らー》三《さん》藐《みゃく》三《さん》菩《ぼー》提《だい》。為《いー》諸《しょー》衆《しゅー》生《じょう》。説《せつ》是《ぜー》一《いっ》切《さい》世《せー》間《けん》。難《なん》信《しん》之《しー》法《ほう》。

亦《また》、我《わ》が不《ふ》可《か》思《し》議《ぎ》の功《く》徳《どく》を称《しょう》説《せつ》して、是《こ》の言《ごん》を作《な》す。釈《しゃ》迦《か》牟《む》尼《に》仏《ぶつ》は、能《よ》く、甚《じん》難《なん》・希《け》有《う》の事《じ》を為《な》し、能《よ》く、娑《しゃ》婆《ば》国《こく》土《ど》の、五《ご》濁《じょく》悪《あく》世《せ》の劫《こう》濁《じょく》、見《けん》濁《じょく》、煩《ぼん》悩《のう》濁《じょく》、衆《しゅ》生《じょう》濁《じょく》、命《みょう》濁《じょく》の中《なか》に於《お》いて、阿《あ》耨《のく》多《た》羅《ら》三《さん》藐《みゃく》三《さん》菩《ぼ》提《だい》を得《え》、諸《もろもろ》の衆《しゅ》生《じょう》の為《ため》に、是《こ》の一《いっ》切《さい》の世《せ》間《けん》に難《なん》信《しん》の法《ほう》を説《と》きたもう、と。

舎《しゃー》利《りー》弗《ほつ》。当《とう》知《ちー》我《がー》於《おー》五《ごー》濁《じょく》悪《あく》世《せー》。行《ぎょう》此《しー》難《なん》事《じー》。得《とく》阿《あー》耨《のく》多《たー》羅《らー》三《さん》藐《みゃく》三《さん》菩《ぼー》提《だい》。為《いー》一《いっ》切《さい》世《せー》間《けん》。説《せっ》此《しー》難《なん》信《しん》之《しー》法《ほう》。是《ぜー》為《いー》甚《じん》難《なん》。

仏《ぶっ》説《せっ》此《しー》経《きょう》已《いー》。舎《しゃー》利《りー》弗《ほつ》。及《ぎゅう》諸《しょー》比《びー》丘《くー》。一《いっ》切《さい》世《せー》間《けん》。天《てん》人《にん》阿《あ》修《しゅ》羅《ら》等《とう》。聞《もん》仏《ぶっ》所《しょ》説《せつ》。歓《かん》喜《ぎ》信《しん》受《じゅ》。作《さ》礼《らい》而《に》去《こ》。

舎利弗《しゃりほつ》よ、当《まさ》に知《し》るべし。我《われ》、五濁《ごじょく》悪世《あくせ》に於《お》いて、此《こ》の難事《なんじ》を行《ぎょう》じ、阿耨多《あのくた》羅三藐三菩提《らさんみゃくさんぼだい》を得《え》、一切《いっさい》の世間《せけん》の為《ため》に、此《こ》の難信《なんしん》の法《ほう》を説《と》く。是《こ》れ甚《はなは》だ難《かた》しと為《な》す。」

仏《ぶっ》、此《こ》の経《きょう》を説《と》き已《おわ》るに、舎利弗《しゃりほつ》、及《およ》び諸《もろもろ》の比丘《びく》、一切世間《いっさいせけん》の天《てん》・人《にん》・阿修《あしゅ》羅等《らとう》は、仏《ぶっ》の説《と》く所《ところ》を聞《き》き、歓喜《かんぎ》し、信《しん》受《じゅ》して、礼《れい》を作《な》して去《さ》れり。

仏《ぶっ》説《せつ》阿《あ》弥《み》陀《だ》経《きょう》

仏《ぶっ》の説《と》きたまいし阿《あ》弥《み》陀《だ》経《きょう》

現代語訳　仏がお説きになった阿弥陀経《あみだきょう》

後秦《こうしん》の三蔵法師の鳩摩羅什《くまらじゅう》が、
勅命によって訳す

わたしは、このように聞かせていただきました。 1

あるとき、釈迦世尊は、コーサラ国の首都である舎衛城《しゃえじょう》（シュラーヴァスティー） 2a
の、あの有名な祇園精舎《ぎおんしょうじゃ》においでになりました。

釈迦世尊には千二百五十人の比丘《びく》たちが随行していました。彼らは、いずれも悟り 2b
を得て聖者になった人々であり、世に知られた方々です。その主な人たちの名前を挙げると、

長老の舎利弗《しゃりほつ》（シャーリプトラ）……智慧第一の弟子、

摩訶目犍連《まかもくけんれん》（目連ともいう。マウドガルヤーヤナ）……神通《じんずう》（超能力）第一の弟子、

摩訶迦葉《まかかしょう》（マハーカーシャパ）……少欲知足に徹した修行者、

摩訶迦旃延《まかかせんねん》（マハーカーティヤーヤナ）……論議第一の弟子、
摩訶倶絺羅《まかくちら》（マハーカウシュティラ）……その姉が舎利弗の母、
離婆多《りはた》（レーヴァアタ）……舎利弗の弟、
周利槃陀伽《しゅりはんだか》（周利槃特《しゅりはんどく》とも。チューダパンタカ）……愚鈍であったが、釈迦の教導
によって悟りを開いた弟子、
難陀《なんだ》（ナンダ）……釈迦の異母弟、
阿難陀《あなんだ》（阿難ともいう。アーナンダ）……多聞第一の弟子、
羅睺羅《らごら》（ラーフラ）……釈迦の実子、
憍梵波提《きょうぼんはだい》（ガヴァーンパティ）……釈迦の最初期の弟子、
賓頭盧頗羅堕《びんずるはらだ》（ピンドーラ・バーラドヴァージャ）……獅子吼《ししく》第一の弟子、
迦留陀夷《かるだい》（カーローダーイン）……釈迦と同日に生まれたとされる、
摩訶劫賓那《まかこうひんな》（マハーカッピナ）……天文暦数に長じていた、
薄拘羅《はくら》（ヴァックラ）……長寿第一とされる、
阿㝹楼駄《あぬるだ》（アニルッダ）……修行中に盲目となったが、天眼第一と称されるように
なった、

といったような人たちでした。

そしてまた、大勢の菩薩《ぼさつ》たちがいました。文殊《もんじゅ》菩薩や弥勒《みろく》菩薩、乾陀訶提《けんだかだい》菩薩、常精進《じょうしょうじん》菩薩といった大菩薩たち、そのほかに帝釈天《たいしゃくてん》をはじめとする無数の天人たちが臨場していたのです。
2c

そのとき、釈迦世尊は、長老の舎利弗に語られました。
3

「ここから西に向かって十万億の仏国土を過ぎたところに世界があり、〝極楽《ごくらく》〟と名づけられている。その極楽世界に仏がおいでになり、〝阿弥陀仏〟という名である。そしていま現においでになって、教えを説いておられる。

舎利弗よ、では、なぜその世界を名づけて〝極楽〟というのであろうか？　それは、その国の衆生がいかなる苦しみも受けることなく、ただもろもろの楽しみを受けるだけだ。それ故、〝極楽〟と名づけるのだ」

4a

「また、舎利弗よ、極楽国土には七重の石柵《いしさく》があり、七重の宝珠《ほうじゅ》で飾られた網があり、七重の並木がある。それらはすべて金・銀・青玉・水晶の四宝で出来ており、周囲を取り囲んでいる。それ故にその国を〝極楽〟というのだ」

4b

「また、舎利弗よ、極楽国土には七宝――金・銀・青玉・水晶・琥珀《こはく》・赤真珠・瑪瑙《めのう》――で出来た池があり、八つのすぐれた特性をもった水が充満している。池の底は純金の砂が敷きつめられている。その四辺の階段状の道は、これも金・銀・青玉・水晶で出来ている。岸の上には楼閣があって、それも七宝で飾られている。池の中の蓮華《れんげ》は、大きさは車輪のごとし。青・黄・赤・白の花が咲き、青色の蓮華は青く光り、黄色の蓮華は黄色く、赤い蓮華は赤く、白い蓮華は白く光っている。そして、ふくよかな香気をただよわせている。

舎利弗よ、極楽国土はこのような特性をそなえているのだ」

4c 「また、舎利弗よ、かの仏国土においては、常に天の音楽が奏されており、大地は黄金で出来ており、晨朝《じんじょう》・日中《にっちゅう》・日没《にちもつ》・初夜《しょや》・中夜《ちゅうや》・後夜《ごや》の昼夜《ちゅうや》六時には、曼陀羅華《まんだらけ》といった天界の花が雨のように降りそそぐ。その国の衆生は、夜明けとともに、花を盛る器に美しい花を盛り、他の世界においでになる十万億の仏に供養し、食事のときまでに帰って来て食事をし、そのあとあたりを静かに歩いて身心をととのえる。

舎利弗よ、極楽国土には、このような特性がそなわっているのだ」

4d 「また次に、舎利弗よ、かの国には、種々の珍しい鳥がたくさんいる。白鵠《びゃっこう》・孔《く》雀《じゃく》・鸚鵡《おうむ》・舎利《しゃり》・迦陵頻伽《かりょうびんが》・共命鳥《ぐみょうちょう》である。これらもろもろの鳥が、昼夜六時に、やさしい声で鳴く。その鳴き声はそのまま五根（信・精進《しょうじん》・念・定・慧）、五力（五根によって得られる悪を破る力）、七覚支（念・択法《ちゃくほう》・精進・喜・軽安《きょうあん》・定・捨）、八正道（正見・正思・正語・正業・正命・正精進・正念・正定）といった修行の徳目を説き明かしている。この国の人々はその声を聞いて、みんなが仏を念じ、法を念じ、僧を念じるのである。

けれども舎利弗よ、そなたは、これらの鳥は前世の罪業の報いによって畜生に生まれたと思ってはならない。なぜか？　かの仏国土には、地獄界・餓鬼《がき》界・畜生界といった三悪道がないからである。舎利弗よ、その仏国土には三悪道といった名さえない。ましてや実体があるわけがない。これらの鳥は、阿弥陀仏の説法を弘めるために、あえて鳥の姿に変身しているのである」

4e

「舎利弗よ、かの仏国土にはそよ風が吹いていて、それによって四宝で出来た並木、宝珠の網が動かされ、妙なる音が出る。それは、百千種の楽器が一度に奏《かな》でられたようなもの。その音を聞く者は、みな自然に仏・法・僧の三宝を念ずる心が起きる。

舎利弗よ、極楽国土には、そのような特性がそなわっているのだ」

5

「舎利弗よ、そなたはどう思うか。かの仏を〝阿弥陀〟とお呼びする理由は何か？

舎利弗よ、その仏の光明は無量であって、十方の国々を照らしてなんら妨げるものはない。それ故にサンスクリット語で〝アミタ（阿弥陀）〟（「無限」の意）と呼ばれるのである。

また、舎利弗よ、かの仏の寿命、そしてその国の人々の寿命は、無限・永遠といってよいほど長命である。それ故に〝アミタ（阿弥陀）〟と名づけられているのだ」

6a

「舎利弗よ、この阿弥陀仏は、仏となられてから現在まで、すでに十劫という長い長い時間が経過している。

また、舎利弗よ、したがってかの仏には、数えきれないほどの、厖大《ぼうだい》な出家の弟子がいて、みな、悟りを得た聖者となっている。そして、菩薩たちも同じである。

舎利弗よ、かの仏国土にはこのような特性があるのである」

6b

「また、舎利弗よ、極楽国土に生まれた衆生は、みな、仏になることが決まっていて、後退することがない。なかには来世において仏となることが約束されている者もいる。その数ははなはだ多くて、数えきれない。それを説くためには、無限の時間、永遠の時間が必要であろう」

7a

「舎利弗よ、これを聞いた衆生は、すぐさまかの国に生まれたいと願うべきである。なぜかといえば、極楽世界に生まれれば、以上に述べたような善人たちとそこで会うことができるからである」

7b

「舎利弗よ、しかしながら、あなたがたが積んだわずかばかりの善根の功徳でもってしては、かの国に生まれることはできない」

7c

「舎利弗よ、もしも善男・善女が阿弥陀仏のことを聞いて、その名号をしっかりと心にとどめること、ただの一日でもいい、あるいは二日、三日、四日、五日、六日、七日でもいい、一心不乱になるならば、その人が命を終えようとするとき、阿弥陀仏は大勢の聖者たちとともにその前に現わしてくださるであろう。その人の臨終のとき、心が動転することはない。すぐさま阿弥陀仏の極楽国土に往き生まれることができる」

7d

「舎利弗よ、わたしはこのような利益《りやく》のあることを知っているから、このように言うのだ。

『わたしのこの教えを聞いた衆生は、すぐさまかの国土に生まれたいといった願を起こすべきである』

と」

8a

「舎利弗よ、わたしがいま、阿弥陀仏の不思議な功徳を讃歎しているのと同じく、東方世界にも阿閦仏《あしゅくぶつ》・須弥相仏《しゅみそうぶつ》・大須弥仏《だいしゅみぶつ》・須弥光仏《しゅみこうぶつ》・妙音仏《みょうおんぶつ》といった、ガンジス河の砂の数ほど多数の諸仏がおいでになって、それぞれの仏国土において、広く長い舌を出して全世界をすっぽりと覆《おお》い、誠実なる言葉を尽くして語られている。

『あなたがた衆生は、まさにこの阿弥陀仏の不可思議なる功徳を称讃し、あらゆる仏が護持しておられる経典を信じなさい』

と」

8b

「舎利弗よ、南方世界にも日月灯仏《にちがつとうぶつ》・名聞光仏《みょうもんこうぶつ》・大焔肩仏《だいえんけんぶつ》・須弥灯仏《しゅみとうぶつ》・無量精進仏《むりょうしょうじんぶつ》といった、ガンジス河の砂ほど多数の諸仏がおいでになって、それぞれの仏国土において、広く長い舌を出して全世界をすっぽりと覆い、誠実なる言葉を尽くして語られている。

『あなたがた衆生は、まさにこの阿弥陀仏の不可思議なる功徳を称讃し、あらゆる仏が護持しておられる経典を信じなさい』

と」

8c
「舎利弗よ、西方世界にも無量寿仏《むりょうじゅぶつ》・無量相仏《むりょうそうぶつ》・無量幢仏《むりょうどうぶつ》・大光仏《だいこうぶつ》・大明仏《だいみょうぶつ》・宝相仏《ほうそうぶつ》・浄光仏《じょうこうぶつ》といった、ガンジス河の砂ほど多数の諸仏がおいでになって、それぞれの仏国土において、広く長い舌を出して全世界をすっぽりと覆い、誠実なる言葉を尽くして語られている。

『あなたがた衆生は、まさにこの阿弥陀仏の不可思議なる功徳を称讃し、あらゆる仏が護持しておられる経典を信じなさい』

と」

8d
「舎利弗よ、北方世界にも焔肩仏《えんけんぶつ》・最勝音仏《さいしょうおんぶつ》・難沮仏《なんしょぶつ》・日生仏《にっしょうぶつ》・網明仏《もうみょうぶつ》といった、ガンジス河の砂ほど多数の諸仏がおいでになって、それぞれの仏国土において、広く長い舌を出して全世界をすっぽりと覆い、誠実なる言葉を尽くして語られている。

『あなたがた衆生は、まさにこの阿弥陀仏の不可思議なる功徳を称讃し、あらゆる仏が護持しておられる経典を信じなさい』
と」

8e
「舎利弗よ、下方世界にも師子仏《ししぶつ》・名聞仏《みょうもんぶつ》・名光仏《みょうこうぶつ》・達摩仏《だつまぶつ》・法幢仏《ほうどうぶつ》・持法仏《じほうぶつ》といった、ガンジス河の砂ほど多数の諸仏がおいでになって、それぞれの仏国土において、広く長い舌を出して全世界をすっぽりと覆い、誠実なる言葉を尽くして語られている。
『あなたがた衆生は、まさにこの阿弥陀仏の不可思議なる功徳を称讃し、あらゆる仏が護持しておられる経典を信じなさい』
と」

8f
「舎利弗よ、上方世界にも梵音仏《ぼんのんぶつ》、宿王仏《しゅくおうぶつ》、香上仏《こうじょうぶつ》、香光仏《こうこうぶつ》、大焔肩仏《だいえんけんぶつ》、雑色宝華《ざっしきほうけ》厳身仏《ごんしんぶつ》、娑羅樹王仏《しゃらじゅおうぶつ》、宝華徳仏《ほうけとくぶつ》、見一切義仏《けんいっさいぎぶつ》、如須弥山仏《にょしゅみせんぶつ》といった、ガンジス河の砂ほど多数の諸仏がおいでになって、それぞれの仏国土において、広く長い舌を出して全世界をすっぽりと覆い、誠実なる言葉を尽くして語られている。

『あなたがた衆生は、まさにこの阿弥陀仏の不可思議なる功徳を称讃し、あらゆる仏が護持しておられる経典を信じなさい』

と」

9a

「舎利弗よ、そなたはどう思うか。いかなる理由で、この経典を、

――あらゆる諸仏が守護されるところの経典――

とするのか。

舎利弗よ、もし善男・善女が、この諸仏が称讃される阿弥陀仏の名《みな》と、この経典の題名を聞くならば、その善男・善女はみな、あらゆる諸仏によって守護されるところとなり、最高・窮極の悟りに向かって後退することがない。

この故に舎利弗よ、そなたたちはわたしの語る言葉と、諸仏が説かれるところを信じなさい」

9b 「舎利弗よ、もし人が阿弥陀仏の国に生まれたいとすでに発願し、いま発願し、未来に発願するならば、この人たちはみな、最高・窮極の悟りに向かって後退することがない。彼らはかの仏国土にすでに生まれ、また現在に生まれ、あるいは未来に生まれるであろう。
この故に、舎利弗よ、信仰心のあるもろもろの善男・善女は、まさにかの国に生まれたいと願を起こすべきである」

10 「舎利弗よ、わたしがいま、諸仏の不可思議なる功徳を称讃しているように、諸仏のほうでもまた、わたしの不可思議なる功徳を誉め称え、次のように言ってくださっている。
『釈迦仏は、娑婆世界の五濁《ごじょく》悪世《あくせ》にあって、すなわち、
時代そのものが堕落している——

人々がまちがった思想に踊らされている——

貪《むさぼ》り・怒り・愚かさなどの煩悩が盛んである——

衆生の資質が低下している——

衆生の寿命が次第に短くなっている——

といった悪条件が重なる中で、最高・窮極の悟りを得て、もろもろの衆生のために、世間の人たちの信じ難い教えを説いておられる』

と。


舎利弗よ、まさに知るがよい、わたしは五濁悪世において、かかる困難なことをなし、最高・窮極の悟りを得て、すべての世間の人々のためにこの信じ難い教えを説くのだ。これこそ、最も困難な仕事なのだ」

11

仏がこの経典を説き終わられたとき、舎利弗をはじめとするもろもろの修行僧たち、また天人や人間、阿修羅たちは、仏の教説を聴聞して歓喜し、深く心に受けとめて、一礼して去って行った。

12

仏がお説きになった阿弥陀経

解説　『阿弥陀経』の読み方

「浄土三部経」

阿弥陀仏と、その仏国土である極楽浄土を論じた経典には、われわれがいま読んでいる『阿弥陀経』のほかに、

『無量寿経』（『大無量寿経』ともいう。ときに『大経』と略称）

『観無量寿経』（『観経』と略称）

があります。そして、この三つの経典をまとめて「浄土三部経」といいます。三つの経典はそれぞれ別個につくられたものですが、驚くばかりの整合性があります。

この三つの経典をまとめて「浄土三部経」としたのは、わが国の浄土宗の開祖の法然（一一三三―一二一二）です。法然はその著『選択《せんじゃく》本願念仏集』の最初に、まさしく浄土往生の教えを説き明かしているのは、この「浄土三部経」であると述べています。もっとも、宗派によって比重の置き方はやや違い、

浄土宗は……『観無量寿経』、

浄土真宗は……『無量寿経』、

時宗は……『阿弥陀経』、を重んじるようです。

さて、『無量寿経』は、阿弥陀仏の前身である法蔵菩薩《ほうぞうぼさつ》が、かりに自分が仏になることができたら、その仏の国土をかくかくのものにしたいと四十八の願をたてられ、しかも彼は阿弥陀仏という仏になることができたのだと説いています。それ故、阿弥陀仏の仏国土である極楽世界は、その四十八願の通りになっています。そういった筋書きの経典です。したがって『無量寿経』は、いわば極楽世界の設計図になります。四十八願そのものが極楽世界の建設プランにほかならないからです。

次に『観無量寿経』は、わが子の父親殺しという絶望の状況の中で、釈迦世尊に救いを求めた韋提希夫人《いだいけぶにん》（ヴァイデーヒー）が、釈迦から阿弥陀仏と極楽浄土を心にじっと想い浮かべる瞑想法を教わるといった筋書きの経典です。じつは、この経典には漢訳しかなく、サンスクリット語の原典は発見されていません。ひょっとしたら、インド以外の土地でつくられた経典ではないかと言われています。

そして次に、われわれの読んでいる『阿弥陀経』です。

この『阿弥陀経』のサンスクリット語題名は『スカーヴァティーヴューハ』であり、

また『無量寿経』のそれも同じく『スカーヴァティーヴューハ』です。それ故、分量の大きさで、『無量寿経』を『大経』、『阿弥陀経』を『小経』と呼んで区別しています。

『阿弥陀経』は、阿弥陀仏の極楽浄土の光景を描写した経典です。

あらすじ

では、『阿弥陀経』の解説に移ります。

最初に、「あらすじ」を紹介します。アラビア数字の番号は、わたしの現代語訳によります。

1　序
2　説法の舞台
3　極楽世界と阿弥陀仏
4　極楽世界の風光
5　阿弥陀仏と呼ばれる理由

6　阿弥陀仏の寿命と極楽世界の衆生
7　極楽世界への憧憬
8　六方世界の諸仏が阿弥陀仏を称讃する
9　念仏と発願の利益
10　諸仏が釈迦仏を称讃する
11　結語
12　この経典の題名

「如是我聞」

『阿弥陀経』は「如是我聞」で始まります〈1〉。『阿弥陀経』ばかりでなく、ほとんどの経典が「如是我聞」あるいは「我聞如是」で始まります。「かくごとくにわれ聞けり」「わたしはこのように聞きました」の意味です。

これはどうしてかといえば、釈迦世尊が入滅された直後、五百人の高弟たちが集まり、釈迦の教えを確認し、後世に伝えるための会議が開かれました。いわば経典編纂

会議が開かれたわけですが、この会議を「結集《けつじゅう》」といいます。このとき、釈迦の侍者をしていた阿難（アーナンダ）が、

「わたしはこのように聞きました（如是我聞）」

と人々に報告し、それがまちがっていないことをみんなで確認しました。それで、経典の始まりを「如是我聞」とする伝統的スタイルが出来あがったのです。

けれども、このような解説は小乗仏教の経典について当てはまることです。だが、大乗仏教は、釈迦の入滅後、五百年以上もしてから発祥した仏教です。そして『阿弥陀経』は、その大乗仏教の経典です。それ故、「如是我聞」の〝われ〟を阿難とするわけにはいきません。この場合の〝われ〟は、読者の一人ひとりであり、またひろさちやでなければなりません。そういう意味をこめて、「わたしは、このように聞かせていただきました」と訳しておきました。

なお、キリスト教では、たとえば『新約聖書』の「マルコによる福音書」では、

《神の子イエス・キリストの福音の初め》

ではじまっています。つまり、「イエスはこう教えられた」で始まるわけです。そこに、仏教とキリスト教の大きな違いがあるわけです。

舞台説明

次に、釈迦が説法される場面の舞台説明があります〈2〉。

その舞台は、『平家物語』の冒頭にある、

《祇園精舎《ぎおんしょうじゃ》の鐘の声、諸行無常《しょぎょうむじょう》の響あり。娑羅双樹《さらそうじゅ》の花の色、盛者必衰《じょうじゃひっすい》のことはりをあらはす》

とある、あの祇園精舎です。もっとも、すでに述べたように大乗経典は、釈迦の入滅後につくられたもので、実際に歴史的に釈迦が祇園精舎においてこのような説法をされたわけではありません。これはすべてフィクション（虚構）です。そう思ってお読みください。

なお、ついでに言っておきますが、実際に祇園精舎に鐘があったわけではありません。インドの小乗仏教では、出家僧には歌舞音曲が禁じられていましたから、寺院には楽器的な鐘はあるはずがなかったのです。

ただし、後世の伝説によると、祇園精舎には無常堂という堂があって、病僧の宿泊療養所となっていました。その堂の四隅に頗梨《はり》（水晶）の鐘があって、病僧が死亡するとその鐘が自然に鳴り出すそうです。ということで、鐘の声には「諸行無常」の響があるのですね。でも、これは、まったくの脱線です。

さて、釈迦は、この祇園精舎に大勢の弟子を随えて登場されます。十六人の出家僧、四人の菩薩の名前が出てきます。わたしは、キリスト教の『新約聖書』の「マタイによる福音書」の冒頭にある、

《アブラハムの子ダビデの子、イエス・キリストの系図。

アブラハムはイサクをもうけ、イサクはヤコブを、ヤコブはユダとその兄弟たちを、ユダはタマルによってペレツとゼラを……》

と、延々と続く人名の列挙にうんざりするのですが、この『阿弥陀経』の人名の列挙にも少々うんざりさせられます。でも、昔の人は、これが大事だと思って列挙したのでしょう。

無問自説の経

〈3〉になって、いよいよ釈迦が舎利弗を相手に語り始められます。いよいよ本論の開始です。

しかし、舎利弗のほうから何の問いもないのに、釈迦世尊のほうから一方的に語りかけておられます。それ故、『阿弥陀経』は古来、「無問自説の経」と言われています。釈迦が自発的に説かれた教えであり、釈迦がこの世に出現された本来の目的を説くための教えにほかならないとされています。

西方にある極楽世界

釈迦は、まず最初に、

ここから西に向かって十万億の仏国土を過ぎたところに、極楽世界があり、阿弥陀仏という仏がおいでになる。

と説きます〈3〉。だが、これをサンスクリット語の原文と比較しますと、「十万億の仏国土」が「百万億の仏国土」になっています。漢訳者の羅什は、一桁値切ったわけになります。

それから「西方」の意味ですが、仏教においては「西」は「未来」を意味します。反対に「東」は「過去」になります。

だから、『法華経』の冒頭に、釈迦が眉間《みけん》にある白毫《びゃくごう》（白い巻き毛）から光を放ち、東方にある一万八千の世界を照らされたシーンが出て来ますが、これは過去の世界にスポット・ライトを当てられたことを意味します。そして極楽世界は、われわれが死後に往き生まれる未来の世界ですから、西方にあるわけです。

また、〝極楽〟の意味については、

その国の衆生がいかなる苦しみも受けることなく、ただもろもろの楽しみを受けるだけだ。

と説明しています。もちろん、これをご馳走だらけの世界、快楽ばかりの世界と解してもかまいません。でも、わたしは、苦しみ／楽しみといったものに、少し別の解釈が可能なように思うのです。

わたしたちの生きている現世は、苦の世界です。仏教では、すべてが苦だ、と教えています。そうすると、ときに反論があります。そりゃあ、人生には苦しみが多い。しかし、なかには楽しいことだってある。苦しみと楽しみを相殺すれば、ひょっとしたら楽しみのほうが多いことも考えられるのではないか、と。

だが、仏教でいう〝苦〟は、サンスクリット語だと〝ドゥフカ〟であって、これは「思うがままにならないこと」といった意味です。わたしたちは、努力すれば成功すると思っていますが、成功するにはさまざまな僥倖に助けられる必要があります。だから、成功／不成功は自分の努力だけでは決まらず、思うがままにならないことです。その思うがままにならないことを、思うがままにしようとするから、苦しみが生じるのです。ですから、仏教の教えは、

——思うがままにならないことを、思うがままにしようとするな——

ということになります。

そうすると、極楽世界では楽しかないということは、極楽世界の住人は、思うがままにならないことを、誰も思うがままにしようとしないからです。極楽世界の住人は、みんな仏教の教えが分かっていて、思うがままにならないことを、無理に思うがままにしようとしません。つまり、

――少欲知足――

に徹しているのです。わたしは、この〈3〉の部分を、そのように読んでいます。

苦しみがないということは、そういうことだと思います。

たとえば、病気になって、早く病気を治したいと思うのは、病気を思うがままにしたいと思っていることです。病気のまま、楽しく生きるようにすれば、病気を苦にしていないのです。貧乏だってそうです。金持ちになりたいと願うのは、貧乏を苦にしているのです。貧しいまま楽しく生きるようにすれば、貧乏を苦にしていないことになります。それが「楽」だと思います。

青色青光。黄色黄光。赤色赤光。白色白光。

〈4〉の部分では、極楽世界の風光が描写されています。ちょっと注意していただきたいのは、〈4b〉にある、

青色青光。黄色黄光。赤色赤光。白色白光。

です。つまり、極楽世界には大きな池があって、そこに青・黄・赤・白の蓮華が咲いていて、青い蓮華は青く光り、黄色い蓮華は黄色く、赤い蓮華は赤く、白い蓮華は白く光っている、というのです。

そんなの、あたりまえじゃないか?!　そう言われる人もおいでになるでしょう。でも、これは浄土においてのあたりまえであって、われわれの娑婆世界ではそうはなりません。

たとえば、「青色青光。黄色黄光」ですが、青色を優等生、黄色を劣等生とします。

そうすると、優等生は優等生で光っており、劣等生は劣等生のままで光っている、となります。けれども、わたしたちの娑婆世界では、優等生は光っているが、劣等生は光っていない、となりそうです。劣等生が優等生にならないとだめだ、というのでは、「青色青光。黄色青光」になるのではありませんか。

「黄色黄光。赤色赤光」も、黄色は黄金ですから金持ち、赤色は貧乏人とします。お浄土においては、金持ちは金持ちのままで光っており、貧乏人は貧乏なままで光っている、となるのですが、われわれの娑婆世界では、金持ちは光っているが、貧乏人は光っていません。貧乏人は金持ちにならないといけない、と考えられてしまいます。

「赤色赤光。白色白光」は、赤い色は健康、色の白いのは病人にします。そうすると、お浄土においては、健康な人は健康なまま光っていて、病人は病人のままで光っている、となります。だが、われわれの娑婆世界では、健康な人は光っているが、病人は光っていない、となります。

つまりお浄土においては、みんなあるがままで光っているのです。貧乏人は貧乏人のまま、コンプレックス（劣等感）を持たずに人生を楽しく生きる。病人は病人のまま楽しく生きる。それがお浄土の世界ではないでしょうか。

ところで、ここのところをサンスクリット語の原文と比較しておきます。サンスクリット語だと、

紅蓮華《ぐれんげ》は……パドマ（padma）
青蓮華《しょうれんげ》は……ウトパラ（utpala）
黄蓮華《おうれんげ》は……クムダ（kumuda）
白蓮華《びゃくれんげ》は……プンダリーカ（pundarika）

で、それぞれ違った呼称です。ですから、ここのところをサンスクリット語から訳せば、

ウトパラは青く光り、クムダは黄色に光り、パドマは赤く光り、プンダリーカは白く光る。

となって、それほどの違和感はありませんよね。
それからここのところのサンスクリット語の原文には、もう一つ〝さまざまな色（チトラ）の蓮華〟が出てきます。つまり、「雑色雑光」になるわけです。なるほど

青・黄・赤は三原色ですから、それをまぜるとさまざまな色になるわけです。おもしろいといえば、おもしろいですね。

朝飯前

〈4c〉には、極楽世界の衆生が、夜明けとともに起き出して、他の世界に往き、しかも朝飯前に再び極楽世界に戻って、食事をすると説かれています。原文は〝食時《じきじ》〟とあるだけですが、インドの出家修行僧は午前中にしか食事ができない決まりになっていたもので、わたしは〝朝飯前〟と訳しておきました。

ここから推定できることは、極楽世界とわたしたちの娑婆世界とでは、時間の単位が違っているということです。極楽世界の朝飯前の短い時間が、わたしたち娑婆世界の何万年にもなるかもしれません。わたしはここから〝朝飯前〟（きわめて簡単なこと、の意）といった言葉がつくられたのだと思います。

この時間の単位の違いについては、キリスト教のほうにおもしろい笑い話があります。

ある男が、夢の中で、神様に尋ねます。

「神様、あなたにとって百万年とは、そもそもどれほどの長さですか」

「わずか一分間だ」と、神は答えます。

「では、あなたにとって百万ターレルとは、どれほどですか」

「ああ、ただの一グロッシェンだ」

「ああ、愛する神様、それなら、どうかわたしに一グロッシェンください」

「ほんの一分間、待っていなさい」

この話は、富田光雄著『キリスト教と笑い』(岩波新書)に出てくるものです。

これでお分かりのように、神の物差しと人間の物差しはまったく違っています。同様に、極楽世界の物差しと娑婆世界の物差しは、同じではありません。まったく違ったものです。だとすると、わたしたちはこんなふうに考えられませんか。すなわち、わたしたちは本当は極楽世界の住人なんです。しかし、極楽世界には苦しみというものがありません。それ故、わたしたちは朝食前のごく短い時間、この娑婆世界にやって来て、そこで苦しみの体験を味わっているのです。その苦しみの体験が、わたしたちを人間的に大きくさせてくれます。

娑婆世界において、わたしたちは輪廻転生を続けますが、やがて適当な時間になれば、阿弥陀仏は再びわれわれをその故郷である極楽浄土に呼び戻してくれます。そういう意味で、お浄土はわたしたちの故郷だと思います。

無三悪趣願

『無量寿経』の阿弥陀仏の四十八願のうちの、冒頭の第一願は次のようになっています。

たとい、われ仏を得たらんに、国に地獄・餓鬼・畜生あらば、正覚《しょうかく》を取らじ。

——たとえわたしは仏となることを得ても、わが仏国土に地獄・餓鬼・畜生があれば、わたしは正覚を取らぬ——

これは「無三悪趣願《むさんあくしゅがん》」と呼ばれるものです。したがって、極楽世界には畜生がいないわけです。

ところが、『阿弥陀経』は〈4d〉において、孔雀《くじゃく》や鸚鵡《おうむ》、迦陵頻伽《かりょうびんが》、共命鳥《ぐみょうちょう》といった、実在する鳥や想像上の鳥を登場させています。ということは、阿弥陀仏の仏国土に畜生がいるわけです。これは『無量寿経』の四十八願と矛盾することになります。

そこで『阿弥陀経』は、あわてて、

これらの鳥は、阿弥陀仏の説法を弘めるために、あえて鳥の姿に変身しているのである。

と弁明しています。ちょうど、ディズニーランドで見られる、ミッキーマウスの縫いぐるみのようなものです。あれは人間であってマウス（ハツカネズミ）ではありません。同様に、極楽浄土の鳥も畜生ではないわけです。こういうところ、「浄土三部経」は、別々につくられた経典であるにもかかわらず、整合性があるわけです。

無量光と無量寿

〈5〉において、〝阿弥陀仏〟の名前のいわれが説かれています。

じつは阿弥陀仏のサンスクリット語名は二つあって、

アミターバ（Amitābha）……「無量光」の意味。それ故、〝無量光仏〟ともいいます。

アミターユス（Amitāyus）……「無量寿」の意味。したがって、〝無量寿仏〟ともいいます。

です。その共通する〝アミタ〟の部分を音訳して、阿弥陀仏とお呼びするのです。

一生補処の菩薩

さて、阿弥陀仏は、無量寿の仏です。無量の寿命を持っておられます。そして、そこに生まれた住人も、また無量の寿命を持っているのです。ということは、そこに生まれた住人は、必ず仏になれます。遠い将来において、仏になれるのです。

そして、そのうちには、極楽世界の生を終わった次の世において、仏となることが決まっている人もいます。仏教では、これを一生補処《いっしょうふしょ》の菩薩といいます。それが〈6〉に述べられていることです。

名号の執持

それ故、わたしたちは、阿弥陀仏の極楽世界に往き生まれたいと発願すべきです。けれども、わたしたちが積んだ、わずかばかりの善根の功徳でもっては、それは不可能です。つまり、自力でもっては極楽世界に往き生まれることはできないのです。

極楽往生が可能なのは、阿弥陀仏の名号を執持すること、しっかりと心にとどめ、その心を忘れずにいることです。法然は、それを「南無阿弥陀仏」と念仏することだとし、親鸞はそれをうけて、名号を信じて念仏することだとしました。以上が〈7〉です。

諸仏の推奨

さて、〈8〉においては、東・南・西・北の四つの世界、それに上・下の二つの世界にたくさんの仏がおいでになり、それら諸仏がみな、阿弥陀仏の不可思議なる功徳を称讃されていることが述べられています。ある意味で、わたしたちにとっては釈迦仏の推奨だけでよいのですが、経典をつくった人は、やはり大勢の推薦人があればよいと考えて、六方世界の諸仏の名を持ち出したのだと思います。

ところで、ちょっとおもしろいのは、西方世界におられる諸仏です（8cの部分）。そこには無量寿仏《むりょうじゅぶつ》、無量相仏《むりょうそうぶつ》、無量幢仏《むりょうどうぶつ》、大光仏《だいこうぶつ》、大明仏《だいみょうぶつ》、宝相仏《ほうそうぶつ》、浄光仏《じょうこうぶつ》の名が出てきますが、そのトップに出て来る無量寿仏は、何を隠そう阿弥陀仏の別名です。だとすると、阿弥陀仏が自分で自分を讃《ほ》めたことになります。

これについては古来、多くの議論がありますが、われわれとしては、経典をつくった人がちょっとしたミスをやったとしておきましょう。

念仏と発願の利益

〈9〉においては、念仏の利益と発願の利益が説かれています。

末法の世の中でわれわれが学ぶべきこと

〈10〉は、釈迦世尊その人に対する称讃です。

現在は五濁悪世の時代です。われわれはこの現在を二〇一八年と受け取るべきでしょう。いわゆる末法の世の中です。時代そのものが堕落し（劫濁《こうじょく》）、人々がまちがったイデオロギーに踊らされ（見濁《けんじょく》）、煩悩が熾烈《しれつ》になり（煩悩濁《ぼんのうじょく》）、衆生の資質が低下し（衆生濁《しゅじょうじょく》）、寿命が短くなっています（命濁《みょうじょく》）。最後の命濁は、日本人の平均寿命が延びているではないかと言われそうですが、仏教では、昔は人間の寿命は何十万年、何億万年もあったといいますから、たしかに寿命は短くなっています。そして、まちがったイデオロギーというのは、金・かね・カネと金儲けばかりを考えている拝金教であり、競争原理に立脚した資本主義です。日本の首相もアメリカの大統領も、拝金教に毒されています。そういう時代にあって、釈迦世尊は、

——厭離穢土・欣求浄土——

の教えを説かれました。この娑婆世界の価値観を全否定され、極楽世界の原理を説かれたのです。その点を諸仏が称讃されています。われわれは、その釈迦の教えを真剣に学ぶべきです。〈10〉はそのように言っています。

結語

〈11〉は結語です。釈迦がこのように語られたとき、大勢の聴衆が歓喜したことが述べられています。

再び経題を

そして最後に、再び経典の題名、すなわち『阿弥陀経』といった題名が繰り返され

ています。これは、サンスクリット語の経典の場合、いちばん最後にその経典の題名を明かす慣習があるからです。それで羅什は、

――（以上が）『仏説阿弥陀経』である――

と書き加えたのです。

Ⅲ　お浄土へのお土産

「それ、そこが地獄じゃ」

ある禅僧のところに武士がやって来て、尋ねます。

「和尚、地獄や極楽というのは、本当にあるのですか？」

「おまえは武士であろう。地獄や極楽というのは、死んだあとの話だ。おまえは死ぬのが怖くなったのか⁈　そんなことを考えずに、しっかりといまを生きとれ。このへなちょこ武士め！」

和尚はそう答えました。

わたしはこの話を、臨済宗中興の祖といわれる白隠禅師（一六八五―一七六八）にかこつけて覚えていたのですが、ひょっとしたら別の禅僧かもしれません。ともかく、よく聞く話です。

禅僧は武士を愚弄します。最後には、武士の顔に唾を吐きかけました。

「いかに名僧といえども、かかる無礼は許せぬ」

と、烈火のごとくに怒った武士は、刀を抜いて和尚に斬りかかりました。

それをひらりとかわして、和尚は武士に言いました。

「それ、そこが地獄じゃ」

和尚は親切にも、彼の怒りそのものが地獄にほかならないことを教えてくれていたのです。

それに気づいた武士は、刀を置いて、

「和尚、ご無礼、つかまつった。お許しください」

と謝ります。すると和尚は言いました。

「そうか、分かったか。それ、そこが極楽じゃ」

と。

そうなんです。禅宗においては、地獄や極楽は死後の世界ではなく、いま、生きているわたしたちの心の中にある世界です。怒りの炎がメラメラと燃え盛るとき、わたしたちは地獄の世界に堕ちたのであり、素直にそれを詫びる気持ちが生じたとき、わたしたちは極楽世界にいるのです。禅宗においては、だいたいそのように考えられています。

十界互具

禅宗のこの考え方は、天台宗の、
――十界互具《じっかいごぐ》――
の教理にもとづいたものです。
十界は、迷える者の境地（六凡）と悟れる者の境地（四聖）を十種に分類したもので、

六凡……地獄界・餓鬼界・畜生界・修羅界・人間界・天上界、
四聖……声聞《しょうもん》界・縁覚《えんがく》界・菩薩《ぼさつ》界・仏界、

より成ります。しかし、この十界の一つ一つが他の十界を含んでいるというのが「十界互具」の教理です。

たとえば、わたしたちは人間界にいて、そして人間らしい心を持っています。だが、それと同時に地獄界の心、餓鬼界の心……を持っています。怒りの心（地獄）を燃やし、もっと金儲けをしたいといった欲望（餓鬼）を持ちます。愚かさの心（畜生）、

正義を振りかざす修羅の心、そしてときに天人にも似た心も持ちます。でも、それは永続きしません。すぐに地獄や餓鬼の心になります。

また、わたしたち迷いの存在である人間の心のうちに、ときには悟りの心が生まれます。しかし、その悟りの心を出し惜しみするのが、声聞と縁覚といった小乗仏教の人間の心です。菩薩や仏になると、他の大勢の人たちを救ってあげたいといった心になります。

それと反対に、最高の存在である仏には悪の心がないのかといえば、それがあるのです。仏にも悪の性質があるからこそ、悪人に対する理解がおこり、悪人を救うことが可能となるのです。この、仏にも悪の性質があることを、

——性悪説《しょうあくせつ》——

といいます。ただし、仏に悪の性質はあるが、悪の行為はありません。その点を勘違いしないでください。

ちょっとややこしいことを書いてしまいました。

要するに、十界が十界をそなえていますから、百界があるわけです。そして、これで見ると、地獄や極楽は、わたしたちの心の中にあるといわねばなりません。「天に

も昇る心地《ここち》」がするといった常套句がありますが、そのときわたしたちは天上界にいるのです。しかし次の瞬間、わたしたちは怒りにわれを忘れて、地獄に堕ちてしまいます。菩薩の心で少欲知足になるかと思えば、「あれが欲しい」「もっと欲しい」と、欲望の餓鬼になってしまうのです。このように心はころころと変ります。だから〝こころ〟というのかもしれませんね。

心のうちにある地獄・極楽

心がころころと変わるものだとすれば、わたしたちは人間界にいる時間、天上界にいる時間・菩薩界にいる時間・仏界にいる時間をできるだけ長くする必要があります。それが禅を学ぶ者の考えていることでしょう。

そこで思い出すのが曽我量深《そがりょうじん》（一八七五―一九七一）の言葉です。

言葉のいらぬ世界が仏の世界、言葉の必要なのが人間界、言葉の通用しないのが地獄。

曽我量深は禅の人ではなく、阿弥陀仏信仰に徹した近代の仏教学者です。
仏の世界においては、言葉は不要です。『法華経』（方便品）に、

唯仏与仏《ゆいぶつよぶつ》。

——ただ仏と仏が——

といった表現が出て来ますが（〝与〟は英語でいう「アンド」の意味）、仏と仏であれば、何も言わずに分かり合うことができます。わたしたちは他人に、〈何も言わずに分かってほしい……〉と思うことがありますが、それはその他人に仏を求めているのです。仏でない人間が、何も言わずに分かり合えることはありません。

そして地獄の世界においては、みんないらいらとしていますから、言葉が通じるはずがありません。言ったって無駄です。ひょっとしたら、最近の日本はこの状況にな

っているのではないでしょうか。

そしてわたしたちは、人間界にいます。

人間界においては、言葉が必要なんです。

ところがわたしたちは、親子のあいだで、夫婦のあいだで、仲間のあいだで、〈何も言わずにわたしの気持ちを分かってほしい〉といった願いを持ってしまいます。すなわち、仏界を求めているのです。そういう気持ちでいるから、お互いに譲り合わねばならないところで、命令口調になってしまいます。そうなると、もう絶対に言葉が通じないで、地獄になってしまいます。


ともあれ、わたしたちの心の中に地獄があり、仏界（浄土）があるといった考え方、なかなか魅力的です。宇宙空間のどこかに地獄・極楽が存在するといったことがなかなか信じられない現代人には、あんがいこの十界互具の考え方が説得力がありそうです。

現代人の傲慢さ

だが、地獄・極楽は心のうちにあるといった考え方には、大事なことが忘れられています。何が忘れられているかといえば、地獄・極楽はどうせ存在しないのだから、たとえ地獄に堕ちたってどうということはない——といった、ふて腐れた考えになってしまうことです。

いいですか、Iでも言いましたが、仏教の教えは死後の世界については「考えるな！」というものです。ところが、われわれは、地獄・極楽はどうせ存在しない、と考えてしまいます。これは釈迦の教えに反することです。

昔の人は、地獄になんか堕ちたくない、極楽世界に往き生まれたい、と思っていました。これは、死後の世界のある／なしを考えたのではありません。あくまでも、

「地獄はいやだ」

「極楽に往きたい」

と信じていたのです。それはつまり、

——厭離穢土・欣求浄土——

なんです。死後の世界を信じていたわけです。

そして、禅の人は、

われわれは、地獄の心で生きてはならない——

仏の心を持つべきだ——

と思っているのです。そういう信念があっての上での十界互具です。

しかし現代人は、地獄・極楽なんてないのだ。人間はみんな地獄の心を持っている。したがって、俺が地獄の心を持ってなぜ悪い?! 誰だって、地獄の心を持っているのだから、俺が地獄の心を持っているという理由だけで非難されるのは心外だ。そう考えてしまいます。それはふて腐れでしかありません。

そこのところに、現代人のいやらしさがあります。お浄土なんて存在しないと、賢《さか》しらに主張する人の、とんでもない傲慢さがあるようです。

自力と他力

それともう一つ、心の中のお浄土という考え方に欠けているのは、――阿弥陀仏にすべてをおまかせする、といった他力の信仰――です。『阿弥陀経』の〈7b〉に、

舎利弗よ、しかしながら、あなたがたが積んだわずかばかりの善根の功徳でもってしては、かの国に生まれることはできない。

とありましたが、人間の力――自力――でもってしては極楽世界への往生は不可能です。阿弥陀仏の本願力によって、わたしたちは極楽世界に往き生まれることができるのです。本願力とは、阿弥陀仏が仏となる前、法蔵菩薩の時代にたてられた、すべての人を救ってやりたいとする誓願の力です

つまり、それが「南無阿弥陀仏」のお念仏です。

〝南無〟とは、サンスクリット語の〝ナマス〟あるいは〝ナモー〟の音訳語です。「おまかせします」の意味です。

わたしはよく言うのですが、まかせた以上はどのような結果になっても、文句を言ってはいけません。たとえば大学入試に不合格となっても、阿弥陀仏にまかせたのであれば、不合格がいい結果なのです。もしも合格になっていれば、現役で合格したもので、あまり実力がついていず、大学の授業について行けなかったかもしれません。あるいは相性の悪い者にいじめられて、自殺するはめになったかもしれません。いや、そんなふうにあれこれ考えずに、ともかく、不合格になれば、

〈落ちてよかった〉

と思うべきです。それが「南無阿弥陀仏」の心です。

人間は弱い動物です。その弱さの自覚の上で、なおも全力を尽くそうとするのが禅仏教の行き方・生き方です。それに対して『阿弥陀経』の教える他力の信仰は、基本的には阿弥陀仏を信じて、阿弥陀仏にすべてをおまかせする行き方・生き方です。その行き方・生き方の差を、しっかりと認識しておいてください。

孤独地獄で一兆六千二百億年

これは、わたしの他の著作でも紹介した話ですが、あるとき、「わたしは、極楽浄土なんて往きたくありません。わたしは地獄に行きたい」と語られる女性に会いました。五十歳をすぎた女性です。

わたしはピンときました。それで、わたしは、

「あなたがなぜそう考えるのか、わたしにはよく分かりますよ」

と応じた。彼女は、「では、当ててみてください」と言うもので、

「あなたが極楽世界に往けば、そこで、あなたをいじめたお姑さんに会うからでしょう。そうであれば、お姑さんのいない地獄に行きたい、と考えましたね」

と言いました。彼女は、「先生、図星です」と、ぺろりと舌を出したのです。

これに類する話は、いろいろと語られています。たとえば、お浄土に往けば酒を飲むことができない、だから地獄に行って、鬼を集めて酒盛りしたい、というものです。知ったか振りをする仏教学者がよくする話です。

『阿弥陀経』には、

倶会一処。

という言葉があります。現代語訳にはこのままのフレーズ（成句）では出て来ませんが、〈7a〉の部分です。わたしたちは極楽世界において、すでにその世界に先に往っておられるさまざまな善人たちと、そこで会うことができるのです。だから、彼女は、お姑さんとそこで会うことができるのです。

でも、会いたくない。

それで彼女は、地獄に行きたいと思いました。

嫁と姑の憎み合い・いがみ合いは、それほど強いものなんですね。

いや、嫁と姑ばかりではありません。学校や職場において、〈あんな奴に、二度と会いたくない〉と思っている人間関係は数多くあります。

そこでわたしは、彼女に教えました。

「でも、あなたが地獄に行けば、あなたの夫とも会うことができませんよ」

「夫と会えない。それは願ったりかなったりです」

「そうですか。しかし、あなたは、あなたのお子さんとも会えない。自分の両親にも会えない。あなたは誰とも会うことができませんよ」

「どうして、ですか……?」

「なぜなら、あなたの行く地獄は、孤独地獄だからです。そこには誰もいません。あなたをいじめる鬼すらいません。あなたは、その孤独地獄において、一兆六千二百億年、苦しむことになっています。あなたは地獄に行きなさい、行きなさい」

「先生、そんなにわたしをいじめないでください」

「おやっ。わたしはあなたをいじめていませんよ。あなた自身が地獄に行きたいと言われたのです。わたしは地獄の旅先案内をしただけですよ」

彼女は泣きべそをかいていました。

お浄土は仏の世界

じつは彼女は、大きな勘違いをしています。どういう勘違いかといえば、わたしたちはこの世の心のまま、つまり迷える凡夫のままでお浄土に往くと思っていることです。

そうではありません。

現代語訳の〈6〉を見てください。

> また、舎利弗よ、極楽国土に生まれた衆生は、みな、仏になることが決まっていて、後退することがない。なかには来世において仏となることが約束されている者もいる。

わたしたちは極楽世界に生まれた瞬間、仏になることが約束されているのです。もちろん、極楽浄土において二度、三度、あるいは数度、生まれ変わって修行をして、それから仏になる者もいます。しかし、もう一度だけ生まれ変わって、次の生で仏になることが約束されている人もいます。それを一生《いっしょう》補処《ふしょ》の菩薩と呼ぶことは、解説でも述べておきました。いずれにしても、みんな仏になるのです。ですから、凡夫ではなしに、仏に近い存在です。

こんなふうに考えてみてください。

〈3〉にありましたが、

その極楽世界に仏がおいでになり、阿弥陀仏という名である。そしていま現においでになって、教えを説いておられる（今現在説法）。

のです。お姑さんは、直々《じきじき》、阿弥陀仏の説法を聴聞しておられます。だから、いま、この娑婆世界にあって仏教を学んでいる仏教学者よりも、何万倍、何億倍も仏教をよく学んでおられるのです。

ということは、かつてのお姑さんではありません。もうすでに仏に近づいている人なんです。

そして、お嫁さんのほうも、極楽世界に生まれたとたんに、すでに阿弥陀仏の弟子なんです。彼女もまた仏教者なんです。

だから二人は、分かり合えるのです。

お浄土のよさはそこにあります。

わたしたちは、そのようなお浄土に往き生まれるのです。

わたしはそのように信じています。

お浄土における和解

わたしはもうすでに八十二歳です。

その八十余年の生涯において、大勢の人に迷惑をかけてきました。喧嘩をしたこともあります。その人の人生を狂わせるようなこともしました。

だから、お詫びをしなければならない。そう思います。

けれども、最近はちょっと違ったことを考えるようになりました。

これまでに経験したことですが、わたしが過去のことを反省して、自分の非に思いいたり、相手に謝罪に行きます。そして、過去の自分の行為を弁護しているうちに、かえって相手を怒らせ、再び喧嘩になることがあります。わたしたちは詫びているつもりが、自己弁護になってしまうのですね。

そうであれば、むしろ謝らないほうがよいのではないか、と思います。

Ｉに紹介しましたが、釈迦は、

《過去を追うな》

と言っておられます（一八ページ参照）。過去の自分を弁護して、そのときの自分の気持ちを分かってもらおうとする心がよくないのです。

詫びる気持ちがあるだけでいい。

やがて、相手もわたしもお浄土に往きます。お浄土に往けば、相手もわたしもともに仏に近い気持ちになっています。

したがって「唯仏与仏」で、何も言わなくても、互いに相手を赦せるようになるでしょう。

だから、お浄土に往ってから謝ろう。謝罪しよう。最近はそんな気持ちになりました。わたしは、これがお浄土の存在意義だと思います。

見合い写真による証明

わたしの母は、二〇一二年にお浄土に往きました。九十六歳でした。

きっと母は、お浄土において阿弥陀仏からいろいろと教えを受けているだろうと思います。だから、わたしなんかより、よほど仏教に詳しい。

〈あの子は、あんなふうに言っていたが、あれはまちがいや……〉

母はそんなことを考えているのではないでしょうか。

わたしが母に大嘘をついたのは、父の五十回忌のときでした。いえ、嘘をついたのではなしに、わたしにすれば冗談を言ったつもりでした。

わたしの父（母からすれば夫）は、一九四五年（昭和二十年）に徴兵され、敗戦後、中華人民共和国の延吉（イエンチー）に連行され、強制労働に徴用されて病死しています。いつ死んだのか、はっきりしません。たぶん一九四六年の九月だと思われます。

それで、父の五十回忌を、一九九五年につとめました。

子どもが親の五十回忌をつとめるのは、やはり珍らしいことですが、わが母は、夫の五十回忌をつとめたのです。これは非常に珍しいケースですね。

わたしは、墓の前で、母に言ってやりました。

「お母ちゃん、お母ちゃんはもうすぐお浄土に往って、お父ちゃんに会うやろ。そうするとお父ちゃんは、

『わしは、こんな婆さん、知らんで……』

と言うで。覚悟しときや」

だって、母が夫と離別したのは、三十歳のときでした。それが、五十年後、八十の婆さんになって再会するのです。いや、実際に亡くなったときは九十六歳の婆さんです。五十回忌のときは八十歳の婆さんでした。だから父は、「こんな婆さん、わしは知らんで……」と言うに違いありません。そんなふうに、わたしは母をからかったのです。

母は、わたしの妹と一緒に大阪に住んでいました。

その妹が、こんなことをわたしに教えてくれました。

「兄ちゃんがあんなこと言うさかいに、お母ちゃんはあの晩、荷物を整理してたで……。そんで、お母ちゃんがお父ちゃんと見合いをしたときの写真を出して来て、『わてが死んだら、この写真を棺桶の中に入れといてな……。お浄土に往ったら、お父ちゃんにこの写真を見せて、

〝わたし、これですねん〟

と言うからな』

と頼んでたで……」

なかなかユーモアのある母でした。もちろん、その写真を棺桶に入れてやりました。

極楽世界は全員、仏性

母は、わたしのジョークを分かってくれたものと安心していたのですが、ひょっとしたらわたしは母に叱られるかもしれません。この世で九十六歳まで生きた女性が、九十六歳の姿のままお浄土にいる——と考えることは、お浄土を漫画的に扱っているのではないでしょうか。

まず、仏教学的にはっきりしていることは、お浄土には女性がいないことです。これは、女性差別としてしばしば問題になる点ですが、『無量寿経』の第三十五願に、次のようにあります。

たとい、われ仏を得たらんに、十方の無量・不可思議の諸仏の世界に、それ女人《にょにん》ありて、わが名字を聞きて歓喜信楽《しんぎょう》して、菩提心《ぼだいしん》を発《おこ》し、女身を厭悪《えんお》せんに、寿《いのち》終るの後、また女像《にょぞう》をなさば、正覚を取らじ。

——たとえわたしは仏となることを得ても、十方の無量・不可思議の諸仏の世界に女性がいて、わたしの名字を聞き、歓喜して信楽して、菩提心をおこし、女性の身を嫌悪したとする。その女性が命終ののち再び女性に生まれるならば、わたしは正覚を取らぬ——

これが「女人往生の願」と呼ばれるものです。

われわれ現代人からすれば、なにもわざわざ女性を別扱いにする必要はありません。けれども、古代のインド社会においては、女性は仏になれないとされていました。そこで法蔵菩薩（のちの阿弥陀仏）は、女性のためにこのような願を立てられたのです。

では、女性は極楽世界に生まれることはないのでしょうか。

女性も、極楽世界に生まれます。しかし、それは、女性のままで生まれるのではなしに、極楽世界に生まれるとき、必ず男性の姿となって生まれるのです。

だから、それは女性差別だ！　と、息まくウーマン・リブの方がおいでになります。

わたしは、それは違うと思います。なぜなら、男性と女性がいてはじめて、女性でないほうが男性です。女性がまったくいない社会において、男性というものが存在するでしょうか。女性という存在のないとき、男性は男性ではないのです。

では、それを中性と呼ぶべきでしょうか。中性というのは、やはり男性／女性の概念があって、中性になるのです。

そうすると、女性のまったくいない極楽世界には、男性も中性も存在しないと思います。

では、極楽世界の住人は、何と呼ぶべきでしょうか？　わたしは、それを〝仏性《ぶっせい》〟と呼ぶべきだと思っています。

お浄土は、時間のない世界

かくて、わたしが母に語った言葉を訂正する必要があります。

母は、老婆になってお浄土に往くのではありません。お浄土には女性がいないのですから。では、老爺《ろうや》になるのでしょうか？　それも違います。

前にわたしは、極楽世界と、わたしたちの住むこの娑婆世界の時間の単位の差について話しました（九五ページ参照）。娑婆世界の百万年が、極楽世界の一分間になる、そう考えてもよいほどです。しかし、もっといえば、

――極楽世界とは、時間のない世界である――

といったほうがよいのではないでしょうか。何万年たっても、いっこうに変化のない世界。それを時間のない世界と呼んだほうがいいと思います。

だとすると、人は、男になって／女になって極楽世界に生まれるのではありません。赤ん坊、少年／少女、若者、中年、老年になって、極楽世界に生まれるのではありません。そもそも肉体なんてないのです。

にもかかわらず、わたしたちはお浄土においてなつかしい再会をとげます。

そう信じられたとき、わたしたちはお浄土の住人になれるのです。

母はきっと父と再会したでしょう。見合い写真を見せるまでもなく、父は母を認知したと思います。

そして、もうすぐわたしもお浄土に往きます。お浄土において、父や母と再会します。また祖母にも会うでしょう。

お浄土とは、そういうものだと思います。

何がお土産になるか？

母の亡くなる半年ほど前、わたしは母に言いました。

「お母ちゃん、お母ちゃんは、もうすぐお浄土に往くんやなあ」

「そうやなあ、もうすぐやな……」

〝もうすぐ〟というのが、わたしの口癖です。お浄土の時間の単位からすれば、娑婆世界の百年なんて一瞬のことです。

「それでなあ、お母ちゃん、ほんならお浄土に持って往くお土産をちゃんと準備してるか？」

「えっ、お浄土に往くのに、お土産が要るのか？」

「あたりまえやろ、よそに行くのに、お土産が必要やろ」

「ふーん、そやけど、ほんなら、何、持って行ったらええんや……？」

母は、お浄土へお土産を持って行くべき必要性は納得しましたが、では、何をお土産にすればよいのでしょうか？

もちろん、お金は持って行けません。

アメリカ人の金持ちが、自分が死んだらそれぞれ一千万ドルずつを棺に入れてくれと、プロテスタントの牧師、カトリックの神父、ユダヤ教のラビに頼んでおきました。それで、プロテスタントの牧師とカトリックの神父は約束通りにしたのですが、ユダヤ教のラビは、二人が入れた二千万ドルを棺から取り出し、

「ああ、そうですね。全部で三千万ドルになりますね」

と言って、三千万ドルの約束手形を棺に入れたそうです。そういうジョークがあります。お金がお浄土へのお土産になるのであれば、「一金十億円也」の約束手形でも入れておけばよいでしょう。

また、品物だってあの世に持って行けませんよ。

では、何がお浄土へのお土産になるでしょうか？

美しい思い出

わたしは母に教えました。それは、この世での、
――美しい思い出――
だと。わたしたちがこの世で体験した、あれこれの思い出話、それがお浄土へのお土産になります。

でも、勘違いしないでください。わたしたちが日本のあちこち、世界のあちこちの観光地で見た美しい景色、そんなものが美しい思い出になるわけではありません。なぜなら、極楽世界は「楽しみの極まる所」であって、もっと美しい所だからです。

もっとも、『阿弥陀経』は極楽世界の美しさを描写していますが、あれを読んで、わたしはそれほどに感心はしません。あれは、「リッチマン・ランド（金持ちの贅沢）」だと思ってしまいます。しかし、ディズニーランドに憧れる現代の若者からすれば、あんがい金ピカの極楽世界がいいのかもしれません。まあ、人間の感性はそれぞれでしょう。

それはともかく、何をもって「美しい」とするか、問題はその物差しです。ちょっと考えると分かることですが、極楽世界にいっぱいあるものは、お土産にはなりませんよね。それがお土産であるかぎり、先方の土地には滅多にないものでなければなりません。

と同時に、この娑婆世界では容易に手に入らぬものでも困ります。普通の人は、そんな入手できないものを準備できませんから。

極楽浄土にはなくて、この娑婆世界にはわりと容易に入手できるもの。それがお土産になるのです。

では、それは何でしょうか?

ホワイトアウト現象

さて、阿弥陀仏は、「光明無量」の仏です。そのことは、現代語訳の〈5〉に言われていました。

舎利弗よ、その仏の光明は無量であって、十方の国々を照らしてなんら妨げるものはない。

ということは、阿弥陀仏は光明無量の仏であり、その仏のおられる極楽世界は光明無量の世界です。

極楽世界は光ばかりの世界です。

ということは、じつは極楽世界ではものは見えないのです。

もちろん、光がなければものは見えません。光のない闇の中ではものが見えない。しかし、逆に光ばかりになってもものは見えないのです。

南極大陸などにおいては、ときにホワイトアウト現象が生じることがあります。これは雪原において猛吹雪になり、一面の雪の乱反射のために、まったく何も見えなくなる現象です。自分の顔も手も足も、何一つ見えないのです。したがってこういうときには、クレバス（雪渓の深い割れ目）に落ち込んだりしますから、一歩も動いてはなりません。そう警告されているそうです。

わたしの、気象大学校時代の教え子が南極観測隊に行きましたが、彼は、

「まるでミルクセーキの中で浮かんでいるように感じられました」

と、ホワイトアウト現象の印象を語ってくれました。

つまり、ものが見えるということは、影があるからなんです。わたしたちは、ある意味では、影を見ていることになるわけです。

そして、光は幸福です。お浄土は幸福そのものの世界です。ですが、幸福ばかりだと、その幸福が分からないのです。影、すなわち不幸があってこそ、幸福が見えるのです。

ですから、幸福ばかりで暮らしているお浄土の人々のところに、わたしたちが娑婆世界で体験した、少しばかりの「幸福」を話したとしても、彼らはまったく感激してくれるわけがありません。彼らは、

「よかったね」

とお義理で言ってくれるでしょうが、本音をいえば、

〈それがどうした?!〉

と思っているでしょう。お浄土へのお土産になるのは、「影」の部分です。この娑婆世界で体験した、

――悲しみ・悩み・苦労――

こそが、お土産話になると思います。涙と呻き声、その思い出にお浄土の人たちはきっと耳を傾けてくれるでしょう。

わたしはそう考えます。

苦労話がお土産

「そやからな、お母ちゃん、安心しいや。お母ちゃんは、いっぱい、お浄土へのお土産を持っているからな……」

わたしは、そう母に語って聞かせました。

前にも書きましたが、彼女は三十歳のとき夫と別れています。昭和二十年（一九四五）でした。そして戦後、長男のわたしを筆頭に、女‐男‐女と四人の子どもを抱え、それにお姑さんまで、女の細腕でもって五人を扶養せねばならなかったのです。大変な苦労だったと思います。何度、人知れずに泣いたことでしょう。

にもかかわらず母は、わたしたちをみんな大学まで卒業させてくれたのです。

母に対する感謝の気持ちでいっぱいです。

「……きっとお父ちゃんは、お浄土でお母ちゃんを迎えて、『ありがとう。よう苦労してくれたな』と言うてくれるで……。お母ちゃんは、お浄土へ往って、語る思い出話がいっぱいあるからな。お土産はいっぱい持ってるで……。そやから、安心してお浄土へ往きや」

そんなふうに母に語りました。

「ありがと……」

そう言って、母はぽろりと涙をこぼしました。

それから半年ほどして、母はお浄土に旅立ちました。

願生の菩薩

けれども、わたしの母のケースを特殊としないでください。人間は誰だって、すばらしい、そしてたくさんのお浄土へのお土産を持っているのです。わたしはそう考えます。

わたしたちはもう一度、あの
――朝飯前――
の話に戻りましょう。現代語訳の〈４ｃ〉のところであり、その解説は九五ページにあります。

その国〔＝極楽世界〕の衆生は、夜明けとともに、花を盛る器に美しい花を盛り、他の世界においでになる十万億の仏に供養し、食事のときまでに帰って来て食事をし、そのあとあたりを静かに歩いて身心をととのえる。

この『阿弥陀経』の経文をもとに、わたしは次のように推定しました。

……だとすると、わたしたちはこんなふうに考えられませんか。すなわち、わたしたちは本当は極楽世界の住人なんです。しかし、極楽世界には苦しみというものがありません。それ故、わたしたちは朝食前のごく短い時間、この娑婆世界にやって来て、そこで苦しみの体験を味わっているのです。その苦しみの体験が、わたしたちを人間的に大きくさせてくれます……

わたしたちは、極楽世界の住人なんです。本籍地は浄土にあります。けれども、浄土には苦しみがありません。老・病・死の苦しみがなく、愛する者との別離の苦・怨み憎む者に会わねばならぬ苦・求めるものが得られない苦がありません。つまり楽そのものの世界なんです。

そうすると、逆に楽が分からなくなります。

幸福の中にいると、幸福が分からなくなるのです。

だからわたしたちは、わざわざ「苦」を学ぶためにこの娑婆世界に生まれてきました。仏教学的には、これを、

――願生《がんしょう》の菩薩《ぼさつ》――

といいます。わたしたちが輪廻転生をするのは、前世につくった罪報のためです。前世に善業を積んだ者は楽の多い世界に、悪業を積んだ者は苦の多い世界に生まれることになっています。しかし、わたしたちは極楽世界にいたのです。だからそのまま

極楽世界に居ていてもいいのです。しかし、わたしたちは極楽世界では学べない「苦」を学ぶために、わざわざ願ってこの娑婆世界にやって来たのです。そういう存在を「願生の菩薩」と呼ぶのです。こう考えると、いま、この娑婆世界にいるすべての人が「願生の菩薩」ということになります。

在日極楽人

だとすれば、わたしたちはみんな、

——在日極楽人——

ではないでしょうか。日本に居住する外国人を、「在日外国人」と呼びます。たしかにわたしたちは、いま日本に居住しています。だから日本人といってもいいのですが、わたしはあまり日本人を名乗りたくありません。こんな金・かね・カネの拝金教の日本に、嘔吐《へど》を吐きたくなります。激烈なる競争社会をつくり、大部分の敗者から生き甲斐を奪っている日本。日本はもうすぐ潰れますよ。

だから、わたしは日本人ではない。そう自覚しています。

たまたま日本に住んでいますが（そして、ちゃんと税金を払っていますが）、わたしの祖国は極楽世界にあります。したがってわたしは、「在日極楽人」です。

「そんなことを言う奴は、この国から出て行け！」

わたしに向かってそんな罵声を浴びせる人がおいでになりそうですが、出て行くべき人はむしろ彼らのほうではないでしょうか。だってこの国は、釈迦仏の領土ですよ。そして釈迦仏は、この国が一部の金の亡者どもに乗っ取られることを喜んでおられるでしょうか?! 「ノー」ですよね。

もちろん、この国は「苦」の多い世界です。それは分かっています。しかしわたしたちは、阿弥陀仏の極楽世界から、釈迦仏の娑婆世界に、わざわざ「苦」を体験するために来たのです。苦しみは覚悟の上です。

では、在日極楽人は、この娑婆世界にあってどのような生き方をすべきでしょうか？　それは、わたしは、〈４ｂ〉に出てきた、
青色青光。黄色黄光。赤色赤光。白色白光。

にあると思います。これは、簡単にいえば、

——あらゆる人間に存在意義がある——

ということです。あるいは、みんなそのまんまでいいんだよ、というふうに考えてもらっていいと思います。

そのまま光っている

優等生と劣等生がいれば、優等生のほうが価値が高いと見るのが、娑婆世界の物差しです。だが、極楽世界の物差しは、そうではありません。すでに述べましたように（九二—九三ページ参照）、青色を優等生とし、黄色を劣等生とすれば、極楽世界においては、優等生も光っているが、劣等生（黄色）は劣等生のままで光っているのです。劣等生が優等生にならないと光らないのではありません。劣等生がそのまんまでピカピカ光っている、それがお浄土の光景です。

いま、日本の学校においては、

「みんな、優等生になれるように努力しなさい」

と言われています。でも、百人の子どもの全員が努力すれば、百人が百人とも優等生になれるのでしょうか？

わたしが中学生のとき、街頭で、

「この運動靴はええ運動靴やで。みんな、これ買《こ》うて走ったら、運動会で一等になれるわ」

と言っている行商人がいました。わたしは恐る恐る、そのおっさんに尋ねました。

「ほんなら、みんながその運動靴買《こ》うて走ったら、みんな一等になれるんか？」

わたしはその行商人の論理矛盾を衝いたつもりでしたが、相手のほうが上手《うわて》でした。見事にしてやられました。

「おまえ、阿呆《あほ》ちゃうんか?!　みんながこの運動靴、買《こ》うて走ったら、そら、脚の速い奴が一等になり、脚の遅い奴はビリになるやんか?!　おまえは、そんなことも分かれへんのか?!」

そうなんです。子どもたちの全員が優等生になれるわけではありません。劣等生は必ずいるのです。

ならば、劣等生が劣等生のままで、幸福な人生を送れるように、みんなで助け合って生きるようにすべきです。わたしは、それが極楽世界の「青色青光、黄色黄光」だと思います。劣等生は劣等生のままで、ピカピカ光っているのです。

よく考えてみてください。全員が優等生になれません。必ず劣等生がいます。そして、その劣等生がいることによって、優等生がいるのです。誰かが劣等生になってくれたおかげで、あなたは優等生になれたのです。誰かが不合格になってくれたおかげで、あなたは大学に合格できたのです。あなたが部長になれたのは、なれなかった人のおかげです。

だとすると、優等生は劣等生に感謝すべきです。

「わたしは、あなたがたのおかげで、優等生になれました。ありがとうございます」

そういう気持ちで生きるのが、この娑婆世界における優等生の生き方です。

そして劣等生は、

「俺のおかげで、おまえは優等生になれたのだ。おまえは俺に感謝しろ」

と思っていればよろしい。なにも卑屈になることはないのです。阿弥陀仏はきっとそう思っておられます。わたしは、そう信じています。

世の中の役に立つ人

前にも述べたように、病人は病人のままで光っているのです。健康な人だけが光っていて、病人は光っていないのではありません。みんな、あるがままで、そのままで光っているのです。

わたしたちは子どものころから、

――世の中の役に立つ人になりなさい――

と教わってきました。では、いったいどういう人が、世の中の役に立っているのでしょうか？　反対に、役に立たない人って、どういう人ですか？

そうすると、経済活動を活発にやって、経済発展に寄与した人が、世の中の役に立っている人のように思われます。いわゆる資本主義社会の維持発展に貢献した人です。でも、資本主義社会の経済発展は、資源とエネルギーの浪費の上で成り立っています。必要以上の商品を造り、それを浪費させるのが資本主義社会の発展です。アメリカなどは、そのために戦争をやって、兵器をじゃかすか浪費しています。

だから資本主義社会は、やがて行き詰ります。資源は涸渇し、確実にエネルギー危機になります。

そうすると、いま世の中で役に立っている人は、未来の人類から戦争犯罪人扱いにされるでしょう。あなたがたは地球を破滅させた犯罪者である、と。そして、いま引き籠もりになっている人たちが、

「あなたがたは、地球にやさしかった」

と、表彰されるかもしれません。そのように視点をちょっと変えると、世の中の役に立っている人――というのが、さまざまに変わってきます。

だから、わたしたちは、たとえば医者が世の中の役に立つ人だと思っています。しかし、ちょっと視点を変えると、あんがいに病人が世の中の役に立っているのです。なぜなら、病人がいないと、医師・看護師・薬剤師は生活できません。医療関係者が生計を立てられるのは、病人がいるおかげです。

では、あなたが病人になることによって、あなたは大いに世の中の役に立っているのです。

わたしが皮肉を言っているように聞こえるかもしれませんが、これがお浄土の光に

照らしたときの人間の見方です。つまり阿弥陀仏の目から見れば、

――みんなそのまんまでいいんだ。あなたはあなたのままでいいんだよ。この大宇宙には、いなくていい人なんて一人もいないんだよ――

となるのです。

犯罪者の必要性

とすると、……。

これはなかなか表現がむずかしいことなんですが、あんがい犯罪者が世の中の役に立っているかもしれません。なぜなら、犯罪者が一人もいなくなると、警察官・裁判官・弁護士は生活できなくなります。彼らは犯罪者のおかげで（ある意味では、犯罪者に寄生して）生活しているのです。

かといって、誤解しないでください。わたしはあなたに、犯罪者になれとすすめているのではありませんからね。

それからもう一つ、注意しておいてほしいのは、犯罪者と悪人は違うということで

す。

犯罪者というのは、その時代、その社会のつくった法律に違反した人です。だから、それぞれの時代の、それぞれの社会において、キリスト教のイエスが、ギリシアの哲学者のソクラテスが死刑になっています。日本においては、浄土宗の開祖の法然が、浄土真宗の開祖の親鸞が、日蓮宗の開祖の日蓮が流罪になっています。法律が違えば、彼らは犯罪者とされなかっただろうと思われます。

ところで、ではわたしたちは、犯罪者に対してどのような態度をとればよいのでしょうか？

じつは、これは、ことさらに犯罪者に対する対処の仕方ではないのです。金持ち／貧乏人、優等生／劣等生、権力者／権力のない人、等々にどう対処すればよいか、つまり他人に対する接し方の問題だと思います。われわれは、他人とどう接すればよいのでしょうか……？

別段、ことさらに身構える必要はありません。ただ普通に接すればいいのです。そして、それでうまくいくときもあれば、失敗するときもあります。失敗しても、それはそれで仕方のないことですね。

しかし、一つだけ考えておいてほしいのは、いま、目の前の相手がそういう状態でいるのは、阿弥陀仏がその人に与えられた役割なんだ、ということです。相手が貧乏でいれば、

〈きっと阿弥陀仏は、あなたは貧乏なまま、幸せに生きてほしいと願っておられるのですね〉

と思ってあげることです。相手が病気でいれば、

〈病人のまま幸せに生きるのが、阿弥陀仏の願いなんですね〉

と思う。そう思うことが、わたしが極楽浄土の光に照らされていることだと信じています。だって、世の中には、いなくていい人なんて、一人もないのですから。

悪人正機説

最後に悪人について。

すでに述べたように、犯罪者イコール悪人ではありません。法然も親鸞も、悪人なるが故に流罪になったのではありません。ただ当時の権力者である後鳥羽上皇が恣意《しい》

的に二人を流罪にしたのです。ただし、恣意的にというのは、わたしの解釈です。
では、悪人とはどういう人でしょうか？
親鸞は、『歎異抄』（第三段）において、次のように述べています。

善人なをもて往生をとぐ、いはんや悪人をや。しかるを、世のひとつねにいはく、悪人なを往生す、いかにいはんや善人をや。この条一旦《いったん》そのいはれあるににたれども、本願他力の意趣《いしゅ》にそむけり。

——善人が往生できるのだから、悪人が往生できるのはあたりまえなんだ。それなのに世間の人々は、悪人でさえ往生できるのなら、善人が往生できるのは理の当然と言っている。この世間の人々の言い種《ぐさ》は、ちょっと見には筋が通っているようだが、阿弥陀仏の本願と他力の教えと矛盾するものである——

じつは、以前は、これは親鸞の主張だと思われていました。しかし、最近の研究では、この《善人なをもて往生をとぐ、いはんや悪人をや》は、親鸞が法然から教わったことを伝えたものだとされています。でも、この言葉のオリジナリティが法然にあるか、親鸞にあるか、そんなことはどうだっていいのです。われわれはこれを法然＝親鸞の主張としておきましょう。そしてこれは、一般に、

――悪人正機説――

とされています。阿弥陀仏は善人よりも、悪人の救いを優先されると考えられているのです。でも、わたしはそうではないと思います。

じつは、善人なんていない――というのが、法然や親鸞の考えだと思います。

あるとき、有名なテレビ・タレントと対談していて、その人から「善人なおもて往生をとぐ、いわんや悪人をや」の意味がよく分からないと質問を受けました。そこでわたしはその人に、

「では、あなたは、自分は善人だと思いますか？　それとも悪人だと思いますか？」

と問い返しました。

彼は言いました。

「そりゃあ、わたしは善人ですよ。少しは悪いところもありますが、悪人と呼ばれるほどの悪いことはしていませんよ」

それを聞いて、わたしは言ったのです。

「いえ、あなたは善人ではありません。あなたは偽善者ですよ」

「えっ」

彼は絶句しました。

「偽善者――。なるほどねえ、わたしは偽善者なんですね」

彼は、わたしの言いたいことをよく分かってくれました。

赦し合って生きる

善人か／悪人か？　わたしたちはそう考えています。阿弥陀仏の救いは、善人が先か／悪人が先か？

しかし、そう考えてはいけないのです。

だって、わたしたちの故郷である極楽世界、わたしたちが朝飯前にそこからこの娑婆世界にやって来た極楽世界においては、たしかにわたしたちは善人でした。そして、再び極楽世界に帰れば、わたしたちは善人です。

けれども、わたしたちはいま、この娑婆世界に来ているのです。わたしたちは在日極楽人です。

この娑婆世界には、「善」なんてないのです。

そのことについては、親鸞が次のように語っておられます。

聖人のおほせには、善悪のふたつ惣《そう》じてもて存知《ぞんじ》せざるなり。そのゆへは、如来《にょらい》の御こゝろによしとおぼしめすほどにしりとをしたらばこそ、よきをしりたるにてもあらめ、如来のあしとおぼしめすほどにしりとをしたらばこそ、あしさをしりたるにてもあらめど、煩悩具足の凡夫、火宅無常の世界は、よろづのことみなもてそらごとたわごと、まことあることなきに、たゞ念仏のみぞまことにておはしますとこそ、おほせはさふらひしか。(『歎異抄』結文)

——親鸞聖人の仰せには、「善悪の二つについて、自分はなにも知らぬ。なぜかといえば、阿弥陀如来の御心《みこころ》に善しと思われるところまで知りぬいてこそ、善を知ったといえるのだ。如来が悪と思われるところまで徹底して知ったとき、悪を知ったといえるのである。けれども、わたしたちは煩悩にまみれた凡夫であり、この世界は無常の火宅であって、すべてが嘘《うそ》いつわり、真実はなに一つない。そのなかで、ただお念仏だけが真実である」と言われたのであった――

この娑婆世界は、嘘いつわりの世界です。真実なんてありません。そしてわたしたちは、わざわざ願ってこの娑婆世界に来ているのです。在日極楽人です。だから、わたしたちはみんな悪人です。この娑婆世界では、わたしたちは悪人として生きるよりほかありません。

だから、〈わたしは悪人です〉と、そういう自覚で生きましょう。ということは、わたしたちは悪人であることを周囲の人々から赦してもらって生きているのです。

そして、周囲の人々も、みんな悪人となって、極楽世界からこの娑婆世界に来ておられるのです。

ですからわたしは、周りの人々が悪人であること、欠点だらけの人間であることを赦さねばなりません。

われわれが娑婆世界にいる時間は、あとほんのわずかです。
もうすぐ、わたしたちはお浄土に帰ります。
そのしばらくのあいだ、わたしたちは赦し合って生きましょう。
わたしは、それがこの娑婆世界における生き方だと思います。

Ⅳ 「南無阿弥陀仏」の心

「観想の念仏」から「称名の念仏」へ

浄土宗では、開祖の法然を〝元祖〟と呼びます。日本で最初に念仏を弘めた人にふさわしい呼称だと思います。

その法然の示寂《じじゃく》は建暦二年（一二一二）正月二十五日でした。享年は八十。八十歳といえば、仏教の開祖の釈迦と同じ年齢です。まあ長生きしたほうですね。

法然は、死の二日前、『一枚起請文《いちまいきしょうもん》』と呼ばれる文書を書いて弟子に与えました。たった一枚の紙に、浄土往生の要義を簡潔に記したものです。ただし、学者によっては、法然があらかじめ書いておいたものを、この日に弟子に与えたものだと主張する人もいます。それはともかく、『一枚起請文』は、法然の八十年の思想遍歴をうまくまとめて弟子に伝えたものです。

冒頭にはこうあります。

唐土我朝《もろこしわがちょう》に、もろもろの智者達の沙汰《さた》し申さるる、観念の念にもあらず。又学問をして念のこころを悟りて申す念仏にもあらず。ただ往生極楽のためには、南無阿弥陀仏と申して、疑ひなく往生するぞと思ひ取りて申す外には別の仔細候はず。

——わたしが提唱した念仏は、中国や日本の仏教学者たちが論じている観想の念仏ではない。また、学問をして、念仏の意義をよく悟った上で称える念仏ではない。ただ往生極楽のためには、「南無阿弥陀仏」と称えればまちがいなく往生できると信じて称える念仏よりほかには何もない——

ここで法然は、自分が提唱した念仏は、

——観想の念仏ではない——

と断言しています。「観想の念仏」とは、心の中で阿弥陀仏や極楽浄土の様相を具体的に思い浮かべることをいいます。『阿弥陀経』に説かれている極楽浄土の風景をじっと思い浮かべる、それが「観想の念仏」です。もちろん、それは容易にはできません。高度なテクニックを必要とします。

ところが、法然は、自分が言う念仏は「観想の念仏」ではないと言い切っていますが、じつは念仏というものは、もともと「観想の念仏」だったのです。中国や日本で念仏といえば、伝統的に「観想の念仏」でした。だから誰もができるわけではありません。専門家である出家僧だけに許されたものでした。

それを法然は、誰もが実践することのできる、

——称名の念仏——

に変えたのです。すなわち、

《ただ往生極楽のためには、南無阿弥陀仏と申して、疑ひなく往生するぞと思ひ取りて申す》

念仏に変えたわけです。

「愚者の自覚」

かくて、現代のわれわれにとっては、念仏といえば「称名の念仏」、つまり「南無阿弥陀仏」と口に称える念仏になってしまいました。これは法然による一大変革といってもよいでしょう。

そして法然は、『一枚起請文』の中で、次のように言っています。

念仏を信ぜん人は、たとひ一代の法をよくよく学すとも、一文不知の愚鈍《ぐどん》の身になして、尼入道《あまにゅうどう》の無智のともがらに同《おなじ》うして、智者のふるまひをせずして、ただ一向に念仏すべし。

――念仏を信じる人は、かりに釈迦世尊が生涯をかけてお説きになった教えをよくよく学んでいても、学問のひとかけらもない愚か者の立場に自分を置いて、尼や入道といった学問のない人々の立場に立って、智者の振舞いをすることなく、ただひたすらに念仏すべし――

わたしたちは愚か者になって、ひたすら「南無阿弥陀仏」をお称えします。そうすると阿弥陀仏がわたしたちをお浄土に迎えてくださるのです。法然はそう言っています。

また、『末燈鈔』には、

故法然聖人は「浄土宗のひとは愚者《ぐしゃ》になりて往生す」と候しこと、……。

とあります。『末燈鈔』は、法然の弟子の親鸞の書簡を集めたものですが、これは親鸞が記憶していた法然の言葉です。

ともかく法然は、「南無阿弥陀仏」のお念仏を称える背後には、

――愚者の自覚――

が大事だと考えています。では、なぜわれわれは、そのような「愚者の自覚」を持たねばならないのでしょうか？

じつは法然は、最初は天台宗の比叡山にあって天台教学を学んでいました。そして比叡山にあって法然は、

――智慧第一の法然房――

と評判されていたのです。その智慧ある人が「愚者の自覚」を言うのだから、皮肉といえば皮肉ですね。

だが法然によれば、これは仏の広大な智慧に対しての話なんです。仏の智慧の前で

は、われわれ人間がどれだけ大きな智恵を持とうと、それは「無智」に等しいのです。つまり、無限大の前では人間の智恵なんてゼロなんです。法然が言うのは、そういう意味での「愚者」なんです。

したがって、わたしたちが「愚者」であることを認識することは、人間の無力さを自覚することになります。人間は無力であって、何もできない。それ故、すべてを阿弥陀仏におまかせするほかないのです。「南無阿弥陀仏」とは、

「阿弥陀様、すべてをおまかせします」

といった、全権委任の表明なんです。それが「他力」の考え方です。

善人と悪人

法然と親鸞に、

——悪人正機説——

のあることはすでに述べてあります。じつは、この善人／悪人に関して、半世紀も昔にわたしにちょっとした思い出があります。

わたしは気象大学校で哲学の教授でした。そして英語も担当させられました。それで教科書に、イギリスの作家のサマセット・モーム（一八七四―一九六五）の『サミング・アップ』を使ったことがありますが、その中に次のような文章がありました。

《私は善人の善は当然視し、彼らの短所なり悪徳なりを発見すると面白がるのだ。逆に、悪人の善を発見したときは感動し、その邪悪に対しては寛大な気分で肩をすくめるだけにしてやろうと思う。私は仲間の人間の番人ではない。仲間の人間を裁くような気持にはなれない。彼らを観察するだけで満足だ。私の観察では、概して、善人と悪人の間には世の道徳家が我々に信じ込ませたがっているほどの差異は存在しないという結論になる》（行方昭夫訳、岩波文庫）

ここのところは、わたしが最もモームに共鳴する部分ですが、これを学生に訳させたとき、学生からこんな質問を受けました。
「先生、人間は悪いことをするから悪人なんでしょう。また、善いことをするから善人なんですよね。では、モームが言う、

〝悪人の善〟とは何ですか？　おかしいではありませんか？」

彼はなかなか頭のいい学生でした。その質問に対して、わたしは次のように答えました。

「人間は善いこともすれば、悪いこともするよね。かりに百の行動をして、そのうち六十ぐらいは善でもないし悪でもないものだ。たとえば顔を洗う、食事をする、糞をするといった行動は、善／悪に関係のないものだ。そして、残りの四十の行動のうち、三十が善で、十が悪な場合、その人は善人になる。逆に三十が悪で、十が善であれば、その人は悪人と評価されるだろう。

だからモームが言っている善人／悪人は、そういうパーセンテージの問題だと思うよ」

教室におけるとっさの質問なので、わたしはそのように答えました。学生もそれで納得してくれたようです。

しかし、わたしは、その質問を契機に、法然や親鸞の「悪人正機説」を考えました。

「悪人正機説」については一五〇ページに述べましたが、法然や親鸞は、善人／悪人をパーセンテージで考えたのではないと思います。そうではなしに、この世には本当の善人、すなわち絶対に悪をしない人なんて一人もいないのです。絶対に悪をしない存在は仏だけです。二人はそう考えていたと思います。

人間は程度の差こそあれ悪をなす存在です。われわれはこの娑婆世界において、悪をなさずには生きられないのです。自分は善意のつもりでやった行為が、とんでもない悪い結果になることだってあります。複数の相手がいて、ある人には利益になることをしても、別の相手には不利益になることだってあります。全員の利益になる行為を、われわれはできないのです。

だとすれば、いかなる人も「善人」ではあり得ないのです。

自分を「善人」だと思っている人は、前にも言ったように「偽善者」にすぎない。わたしはそう思います。

そうすると、なるほどモームはパーセンテージで善人／悪人を考えています。しかしそのパーセンテージは、ある人は八七パーセントの悪人、別の人は九一パーセント、九三パーセント、九六パーセント……といった程度の差にすぎない。したがって、みんな悪人である。彼はそういうふうに考えていたと思います。それが現在のわたしのモーム理解です。念のため付記しておきます。

善悪の基準はころころ変わる

すでに述べたように、わたしたちは、いま、善と思ってなしたことが、のちに悪と評価されることがあります。現代の資本主義社会において、経済発展に寄与することは善でしょう。しかし、経済発展は資源の涸渇を招き、地球環境を破壊します。そうすると後世の人からは、経済発展に寄与した人は、とんでもない悪人と評される可能性があります。

反対に、いまの時代にあって怠け者は困り者です。しかし後世には、怠け者は、「彼らは地球にやさしかった」と評されるかもしれません。

数年前のことですが、「自分は、雪の中で寝ている酔っ払いを親切に介抱してあげた」と、得意気に語る人がいました。「これは善ではないか」と彼は主張するのです。わたしはちょっと意地悪をして、その人にこう言ったのです。

「たしかに、あなたが介抱しなければ、その人は雪の中で凍死をしたかもしれません。

だからあなたは、その人の命を救ってあげたのであり、善いことをしたのです。

でも、あなたに救われたその人が、五年後に自動車の運転をしていて、母親と彼女が抱いていた嬰児《えいじ》を轢き殺したとしましょう。あなたが酔っ払いを助けなければ、つまり酔っ払ったまま死んでいれば、母親と嬰児が死ぬことはなかったのです。とすると、その二人の命に対して、あなたに責任はありませんか⁈　もちろん、法律的にはあなたに責任はありません。でも、あなたが、母親と嬰児に対して善人だとは断定できませんよね」

このように、善／悪というものをどう考えるか、なかなかむずかしい問題があります。一五四ページに引用したように、

《親鸞聖人の仰せには、「善悪の二つについて、自分はなにも知らぬ」》

といった『歎異抄』の言葉こそ、わたしたち仏教者がとるべき態度だと思います。ともかく、この世において、善悪なんてかりそめのものなんです。わたしたちは善人になろうと思っても、絶対的な善人にはなれません。せいぜいのところ、偽善者にしかなれないのです。だから、善人になろうと、ちっぽけな努力をする必要はありません。かといって悪人になろうと努力せよ、と言うのではありません。しかし、わた

したちは善行を積んで、その功徳によって仏に救われるのではないのです。そもそも何が善行であるのか、われわれには分かりません。それに、善悪の基準は、ころころと変わります。きょう善であったものが、明日には悪になるかもしれないのです。

だから、わたしたちは、自己の救いを阿弥陀仏におまかせするよりほかないのです。阿弥陀仏よ、おまかせします。それが「南無阿弥陀仏」の念仏です。

親鸞はそう言っています。

阿弥陀仏に甘える

しかし、勘違いしないでください。「南無阿弥陀仏」のお念仏は、呪文ではありません。

呪文というのは、それを唱えると神秘的な力が得られる言葉です。わたしたちは『千夜一夜物語』の中のアラジンの魔法のランプを知っています。アラジンは呪文によって魔法のランプの精を自在に動かし、出世します。それと同じように、わたしたちが「南無阿弥陀仏」の呪文を唱えて、阿弥陀仏を自分の都合のよいように動かそう

――と考えるのは、とんでもない誤りです。お念仏は呪文ではないことを、わたしたちはしっかりと確認しておく必要があります。

だいたいにおいて日本人は、神仏を自分の奴隷にしたいのです。全知全能の神、オールマイティーな神といわれると、日本人はその神を自分の奴隷か子分のように扱《こ》き使って、自分の利益をはかりたいのです。日本人は、信仰といえばそういうご利益《りやく》信仰だと思っています。

しかし、阿弥陀仏は、わたしたちの奴隷・子分ではありません。

「南無阿弥陀仏」のお念仏は、逆にわたしのほうが阿弥陀仏の奴隷・子分になります

――といった決意表明なんです。

いいえ、そんな表現はちょっとまちがっています。そんなふうに言えば、まるで阿弥陀仏がさまざまな命令を発して、わたしたちを扱き使っておられるように受け取られかねません。そうではないのです。わたしたちはいわば赤ん坊のようになって、すべてを阿弥陀仏に委ねるのです。ある意味では、

――阿弥陀仏に甘える――

といってもよさそうです。とことん甘えるところに、お念仏の意味があります。

「信ぜよ、さらば救われん」

では、どうすればわたしたちは阿弥陀仏に甘えられるでしょうか？　わたしは、そこに、

――信心――

というものがなければならないと思います。阿弥陀仏に全権を委任して大丈夫。阿弥陀仏は絶対にわたしを悪いようになさらない。そのように信じられたとき、わたしたちは「南無阿弥陀仏」のお念仏を称えることができるのです。

と、説明すれば、きっと読者は、キリスト教で言う、

――信ぜよ、さらば救われん――

を思い出されるでしょう。この言葉は、このままでは『新約聖書』には出てきませんが、これがキリスト教の基本教理であることはまちがいありません。

だが、ほとんどの人が、この言葉を誤解しています。

「神を信じなさい。そうすれば、神は信じた人を救ってくださいます」――と、たい

ていの人はそう解釈します。しかし、その解釈はおかしいのです。そうだとすれば、神は自動販売機になってしまいます。自動販売機（神）は、料金（信心）を投入した人のすべてに商品（救い）を出さざるを得ません。そうであれば、信じた人のすべてを神は救わざるを得ないことになってしまいます。神は人間の言いなりになるわけです。神というのは、そういう存在でしょうか?!

そんなふうに文句をつけると、「いや、そんなことはない。神は自由だ。神は、場合によっては信じた人でも救う必要はない」と反駁される人がおられるでしょう。でも、それもおかしいのです。そうであれば、信じた人も場合によっては救われないことになり、「信ぜよ、さらば救われん」が成り立たなくなってしまいます。

では、われわれはこれをどう考えればよいのでしょうか？

これは、人間が自分の自由意志でもって、神を信じる／信じないを決められるとしたところにまちがいがあります。そりゃあ、人間が人間を信じる場合は、その通りですよ。上役が部下を信じる場合、女が男を信じる場合、その人の自由な意志によっています。したがってそこに、「わたしは彼を信じたのに、彼はわたしを裏切った」ということがあるわけです。しかし、神を信じるということは、それと同じでしょう

か？　すなわち、

「俺は神を信じてやった」

となりますか？　それだと人間が神よりも高い地位にあるわけです。

おかしいですよね。

では、われわれは、これをどう考えればよいでしょうか？

キリスト教の場合、人間が神を信じるのではありません。神が、その人をして神を信じられるようにしてくださったのです。だから、わたしが神を信じたのではなしに、神がわたしを信じさせてくださったのです。

ですから、「俺は神なんて信じない」と言っている人がいれば、キリスト教的には、

「お気の毒ですね。あなたは、神から、神を信じられないようにつくられているのですね」

と思っていればいいのです。それがキリスト教における無神論者への基本的態度だと思います。

如来よりたまはりたる信心

このキリスト教の考え方が、お念仏についても基本的に当てはまります。『歎異抄』（結文）には、こんな話が伝えられています。

あるとき親鸞が、

「わたしの信心と、聖人（＝法然）の御信心と一つである」

と言ったところ、他の弟子たちから難詰されました。そこで親鸞は、

聖人の御智慧才覚ひろくおはしますに一《ひとつ》ならんとまふさばこそひがごとならめ、往生の信心においては、またくことなることなし、たゞひとつなり。

——たしかに法然上人のお智慧や学問のひろさは抜群で、それにわたしが同じだと言うのであればけしからぬことであろうが、往生を信じる心だけはまったく同じで、そこになんの差もない——

と反論したのですが、他の弟子たちは納得しません。その結果、最終的には法然の判断を仰ぐことになりました。

法然はこう言っています。

源空が信心も如来よりたまはりたる信心なり、善信房の信心も如来よりたまはらせたまひたる信心なり、さればたゞひとつなり、別の信心にておはしまさんひとは、源空がまひらんずる浄土へは、よもまひらせたまひさふらはじ

——源空（法然）の信心だって如来よりいただいたもの、善信房（親鸞）の信心だって如来よりいただいた信心である。だから同じである。この源空の信心と違った信心をおもちの人は、どうやらわたしの往くお浄土に往けそうにないですね——

ここで法然は、《如来よりたまはりたる信心》と言っています。もっとも、これは親鸞関係の文書にしか出てこないもので、法然が本当にそう言ったかどうか、学者の

うちには疑問を呈する人もいます。しかしわたしは、阿弥陀仏のお浄土に対する信心は、人間のほうから発《おこ》すものではなしに、阿弥陀仏の働きかけによって発されるものだと思います。だからこの《如来よりたまはりたる信心》は、法然の言葉としてよいと思います。

それから親鸞その人も、この《如来よりたまはりたる信心》といった言葉が好きだったらしく、『歎異抄』の第六段にもこの言葉が出てきます。そしてそこでは、親鸞はこう言っています。

親鸞は弟子一人ももたずさふらう。そのゆへは、わがはからひにて、ひとに念仏をまふさせさふらはゞこそ、弟子にてもさふらはめ。弥陀の御もよほしにあづかて念仏まふしさふらうひとを、わが弟子とまふすこと、きはめたる荒涼のことなり。

——親鸞には一人の弟子だってない。なぜとならば、わたしがめんどうをみてやってその人にお念仏をさせたのであれば、その人はわたしの弟子であろう。しかし、ただ阿弥陀仏のおはからいによってお念仏をしている人を、わたしの弟子と言うことは、とんでもない思い違いである――

誰もがみんな阿弥陀仏の計らいによって念仏しているのです。したがって、親鸞にすすめられて念仏するのではありません。また、自分自身が〈お念仏を称えよう……〉と思って、自発的にお念仏を称えるのではありません。あくまでも阿弥陀如来の計らいです。それが《如来よりたまはりたる信心》です。親鸞はそう考えたのです。

仏教とキリスト教の違い

じつは先程、信ずるということに対するキリスト教の考え方が、仏教のお念仏についても当てはまる――と書いたのですが、仏教とキリスト教では考え方がまったく違っています。そのことをちょっと説明しておいたほうがよいでしょう。

キリスト教において「信ぜよ、さらば救われん」と言うとき、神は救われる者と救われない者を判然と区別しておられます。そしてその上で、救われる者は……神を信じられるようにしておられ、救われない者は……神を信じられないようにしておられるのです。

だから、救われる者は、ごく自然に神を信じられるようになっているし、救われない者は、本人がいくら努力して信じよう、信じようとしても、神を信じることができないのです。だとすれば、神を信じられない無神論者は、必然的に地獄に堕ちるわけです。キリスト教の神は、ちょっと意地悪ですね。

それに対して仏教の仏は違います。とくに阿弥陀仏は、すべての人を救われるのです。「南無阿弥陀仏」（阿弥陀仏よ、あなたにすべてをおまかせします）のお念仏を称えた人を、阿弥陀仏は一人残らず救われます。阿弥陀仏が救われない人は存在しないのです。その点が仏教とキリスト教の大きな違いです。

お念仏を聞く

さて、話を元に戻します。わたしたちは、阿弥陀仏の計らいによって念仏しているのです。だとすれば、お念仏はわたしが称えるものではありません。阿弥陀仏がわたしをして称えさせてくださっているのです。いわばわたしの口を阿弥陀仏にお貸しして、阿弥陀仏がお念仏を称えておられる。それが他力のお念仏です。他力ということは、そこまで考えることだと思います。

そうすると、わたしたちはお念仏を聞くことになります。

わたしは、わたしの口を阿弥陀仏にお貸ししたのです。声帯をお貸しした。だとすると、わたしの口から出てくる「南無阿弥陀仏」のお念仏は、わたしのものではありません。阿弥陀仏がわたしの声帯を使って、「南無阿弥陀仏」と称えておられるのです。

そしてわたしは、その阿弥陀仏の念仏を聞かせていただくのです。

つまるところ、他力の念仏とは、そういうものだと思います。そこまで行き着いて、はじめて法然や親鸞の他力の念仏になるのです。

じつは、話をあまりややこしくしたくないのですが、あえて時宗の開祖の一遍（一二三九―八九）に触れておきます。一遍は法然の曽孫にあたる人物ですが、『一遍上人語録』（巻上）には、こんな記事があります。

一遍が法燈《はっとう》国師（覚心）に参禅したときです。彼は次のような歌を詠んで、国師に呈しました。

となふれば仏もわれもなかりけり南無阿弥陀仏の声ばかりして

しかし国師は、「未徹在」(まだ悟っとらん)と言って、これを却下します。そこで一遍は新たに次の歌を詠んで、国師から印可されました。

となふれば仏もわれもなかりけり南無阿弥陀仏なむあみだ仏

最初の歌と二番目の歌の違いは、「南無阿弥陀仏の声ばかりして」と「南無阿弥陀仏なむあみだ仏」だけです。しかし、声があるとそれを聞く人間がいます。だもので、法燈国師はそれを「未徹在」としたのでしょう。「南無阿弥陀仏なむあみだ仏」だと、それを聞く人間がなくなっています。そこまで徹底しないといけない。というのがこの話の眼目だと思います。

だからわたしが、お念仏は阿弥陀仏の声を聞くことだと言えば、法燈国師や一遍から「未徹在」と叱られるかもしれません。でもね、われわれはそこまで徹底しないでいいと思います。阿弥陀仏の声を聞かせていただくつもりでお念仏をすればよいでしょう。

感謝の念仏

ともあれお念仏は、わたしが称えるものではありません。

お念仏は、阿弥陀仏がわたしをして称えさせてくださるものです。

だから、わたしたちが「南無阿弥陀仏」と称えて、それによって阿弥陀仏に救っていただこうというものではないのです。それだとお念仏が呪文になってしまいます。

逆なんです。わたしたちがすでに阿弥陀仏によって救われているから、わたしたちは「南無阿弥陀仏」と称えられるのです。

したがって、「南無阿弥陀仏」は、「阿弥陀仏よ、わたしを救ってください」といった請求書の祈りではありません。

「南無阿弥陀仏」は、「阿弥陀仏よ、救っていただいてありがとうございます」といった感謝の祈りです。

では最後に、お念仏を称える回数について考えてみましょう。

この点に関しては、古来、

——一念義か、多念義か——

といった教学上の論争があります。一念義は、たった一回のお念仏でよいといった主張です。それに対して多念義は、お念仏の回数は多ければ多いほどよいとする考え方です。

これは、もしもお念仏といったものを請求書の祈り——「阿弥陀仏よ、わたしを救ってください」の祈り——と考えるならば、たった一回の念仏で充分だとわたしは思います。何度も何度も「救え！　救え！」と請求するのは、阿弥陀仏に対して失礼だからです。

だが、お念仏は請求書の祈りではありません。

それを感謝の祈り——「阿弥陀仏よ、わたしを救ってくださってありがとうございます」の祈り——と考えれば、やはり多念義になるでしょう。感謝の表明は、数多くしたほうがよいのです。そういうふうに考えることができます。

けれども、それはそうですが、念仏において大事なのは、阿弥陀仏を信じる気持ちです。

そして、阿弥陀仏を信じる気持ちというのは、阿弥陀仏は必ずわたしを救ってくださるであろうといった未来形の信念ではなく、もうわたしは阿弥陀仏によって救われているのだといった過去形の確信です。それであれば、むしろ「ありがとう、ありがとう」と繰り返さないほうがよいと思います。静かに心の中で感謝の気持ちを抱いているほうがよいでしょう。

ということは、一念義でもよいし、多念義でもよいのです。

要は念仏は阿弥陀仏への感謝の気持ちの表明だと分かればよいのです。わたしはそう考えています。

あとがき

阿弥陀仏の極楽世界というものは、昔はお伽噺《とぎばなし》だと思っていました。落語の「浮世根問《ねどい》」にありますね。何でも根掘り葉掘り聞きたがる男が物識りのご隠居に尋ねます。

「よくあの極楽なんてぇことを聞きますが、いったいあの極楽なんてのは、どこにあるんです？」

「十万億土にある」

「十万億土っていいますと……？」

「西方弥陀《さいほうみだ》の浄土だ」

「さいほうみだのじょうどっていいますと？」

「西方というから、つまり西のほうだな」

「高円寺から荻窪あたり……？」

「とんでもない。ずっと西だ」

「ずっと西てえますと？」

「西の……ずうっと、あっちだ」

「西のあっちといいますと？」

「ずっと向こうのほうだ」

「向こうのほうっていいますと……？」

この調子でご隠居が問い詰められます。でも、誰も正確には極楽世界のあり場所を知らないからごまかすよりほかありません。極楽世界とは、そういう空想の世界だと思っていました。

ところが、あるときイタリアのクリスチャンと話していて、わたしが、「天国や地獄なんて実際にあるわけがない。神話にすぎない」と話したら、ものすごい剣幕で叱られました。

「わたしがこの世を慎ましく生きているのは、死後、天国に往って、信仰もなく為《し》たい放題に生きた奴が、地獄に堕ちて苦しんでいる姿を見たいからだ。だからわたしにとって、天国や地獄がなくては困る。天国や地獄はあるべきなんだ」なるほど、彼のその気持ちはよく分かりました。だが、そのときはそれがいささか加虐趣味に思えたのも事実です。

しかし、ずっとあとになって極楽世界のことを考えていたとき、イタリア人のクリスチャンの言っていることが、

——この世の生き方の問題——

であると気がつきました。彼は、天国や地獄といった観念に支えられて、信仰を持ってこの世を慎ましく生きようとしているのです。「他人が地獄で苦しむ姿を見たい」と彼は加虐的に言いましたが、そんなことよりも彼は自分の生き方を考えていたのです。〈わたしは神を信じて、神とともにこの世を生きよう〉と、心の底から彼はそういう生き方を選んでいたのです。

そこにキリスト教の天国と地獄の意味があります。

同様に、仏教の極楽世界の意味も、たんなる死後の世界の問題ではなしに、わたしたちがこの世をどのように生きればよいかにつながるものでなければなりません。そう気づいたとき、阿弥陀仏の極楽世界を論じている『阿弥陀経』を、わたしはもう一

度読み返そうと思いました。

＊

本文において繰り返し指摘しましたが、この世は苦しみの世界です。すべてのことが、思うがままになりません。

では、苦しみの世において、われわれはどう生きればよいでしょうか……？

たいていの人は、苦しみを消滅させようとします。自分は貧乏だからこんなに苦しむのだと考えて、なんとかして金持ちになって人生を謳歌しようとします。そのために、あくせく、いらいら、がつがつと苦しまねばなりません。果たして、それで金持ちになれる人が何人いますか?! ほとんどの人が貧乏のままです。だとすれば、あくせく、いらいら、がつがつと苦しむだけ損です。それに、万が一、金持ちになれたとしても、それで幸福になれるとはかぎりません。新聞、雑誌、テレビを見ても分かるように、大勢の金持ちが不幸です。金は唸《うな》るほどあっても、家庭的に不幸せな人がわんさかいます。

馬鹿ですねえ。そういう人は、苦しみを消滅させよう、あるいは軽減させようとしたところに問題があります。

仏教者は、この世は苦しみの世界であるから、苦しみを消滅させ、軽減させることはできないと考えます。真に苦しみが無くなるのは極楽世界に往《い》ってからであり、苦しみの世界は苦しんで生きるよりほかないと信じられるのが仏教を学んでいる人間です。

わたしたちは、この世で縁を結んだ人と、極楽世界で再び会うのです。そしてそのとき、再会した人にこの世においてした苦労話を聞いてもらいます。本文でも述べましたが、それが極楽世界に持って往く土産話になります。そう信じて、この世の苦しみをしっかりと苦しみのままに耐えて生きいく。それが仏教者にとっての極楽世界の意味です。

したがって、極楽世界は決してお伽噺ではありません。われわれが苦しみのこの世を苦しみのまま、しっかりと生きいく勇気を与えてくれるものです。わたしはそう考え、その視点から『阿弥陀経』を読んでみました。

＊

わたしにこのような『阿弥陀経』の本を書かせてくださったのは、中央公論新社の登張正史さんです。「ひとつ『阿弥陀経』の現代語訳をつくってみませんか」と声をかけてくださった。それでわたしは、ありきたりな『阿弥陀経』の解釈をしたくないといった気持ちで、取り組んでみました。このような取り組みに意義があるとしたら、登張さんという名伯楽のおかげです。
登張さん、ありがとうございました。

合掌

二〇一八年九月

ひろさちや

本書は書き下ろし作品です

ひろさちや

1936（昭和11）年、大阪に生まれる。東京大学文学部印度哲学科卒業、同大学院人文科学研究科印度哲学専攻博士課程修了。気象大学校教授を経て、仏教・インド思想等、宗教について幅広く執筆・講演活動を行った。著書に『親鸞』『法然』『道元』『仏教の釈迦・キリスト教のイエス』（以上春秋社）、『ひろさちやの般若心経88講』（新潮社）、『「狂い」のすすめ』（集英社）、『のんびり生きて 気楽に死のう（PHP研究所）、『空海入門』『はじめての仏教』『般若心経　生まれ変わる』（以上中公文庫）、『超訳　無門関』『般若心経　生き方を学ぶ』（以上中央公論新社）など多数。2022年4月没。

阿弥陀経《あみだきょう》
——現代語訳《げんだいごやく》とその読《よ》み方《かた》

2018年10月10日　初版発行
2023年5月30日　再版発行

著　者　ひろさちや

発行者　安 部 順 一

発行所　中央公論新社

〒100-8152　東京都千代田区大手町1-7-1
電話　販売 03-5299-1730　編集 03-5299-1740
URL https://www.chuko.co.jp/

DTP　平面惑星
印　刷　大日本印刷
製　本　小泉製本

Published by CHUOKORON-SHINSHA, INC.
Printed in Japan　ISBN978-4-12-005124-1 C0014

超訳 無門関

無門の門より入れ。禅宗のテキスト「無門関」をひろさちやが現代風に読み解いてやさしく解説。宋代の禅僧の無門慧開が編んだ難解な公案もこれで丸わかり！

全42の公案の忠実な書き下し文とわかりやすい現代語訳のほか丁寧な解説と簡潔な超訳があります。

ひろさちや　単行本　中公文庫　好評既刊

はじめての仏教
その成立と発展

釈尊の教えから始まり、中央アジア、中国、日本へと伝播しながら、大きく変化を遂げた仏教の歴史と思想を豊富な図版によりわかりやすく分析解説する。

空海入門

混迷の今を力強く生きるための指針、それが空海の肯定の哲学である。人類普遍の天才の思想的核心をあくまで具体的、平明に説く入門の書。